LA

MARÉCHALE RANDON

Qui trouvera une femme forte ?
Prov., XXXI, 10.

GRENOBLE

IMPRIMERIE F. ALLIER PÈRE ET FILS
26, cours Saint-André, 26

1893

LA

MARÉCHALE RANDON

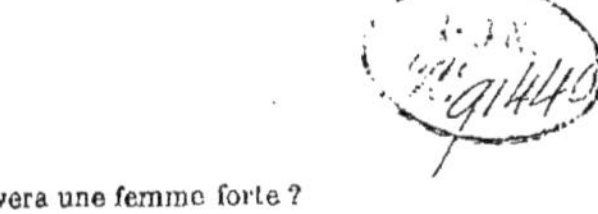

Qui trouvera une femme forte ?
Prov., XXXI, 10.

GRENOBLE
IMPRIMERIE F. ALLIER PÈRE ET FILS
26, cours Saint-André, 26
—
1893

HÉLIOG. DUJARDIN.

... roi de l'Orient, inspiré par l'Esprit
saint, il y a des milliers d'années, ce
trait de la femme forte, et l'Église catholique
rappelle à ses prêtres lorsqu'ils montent à
l'autel pour glorifier une élue.

À notre époque où les nobles caractères et les
grandes âmes semblent se faire rares, la plainte

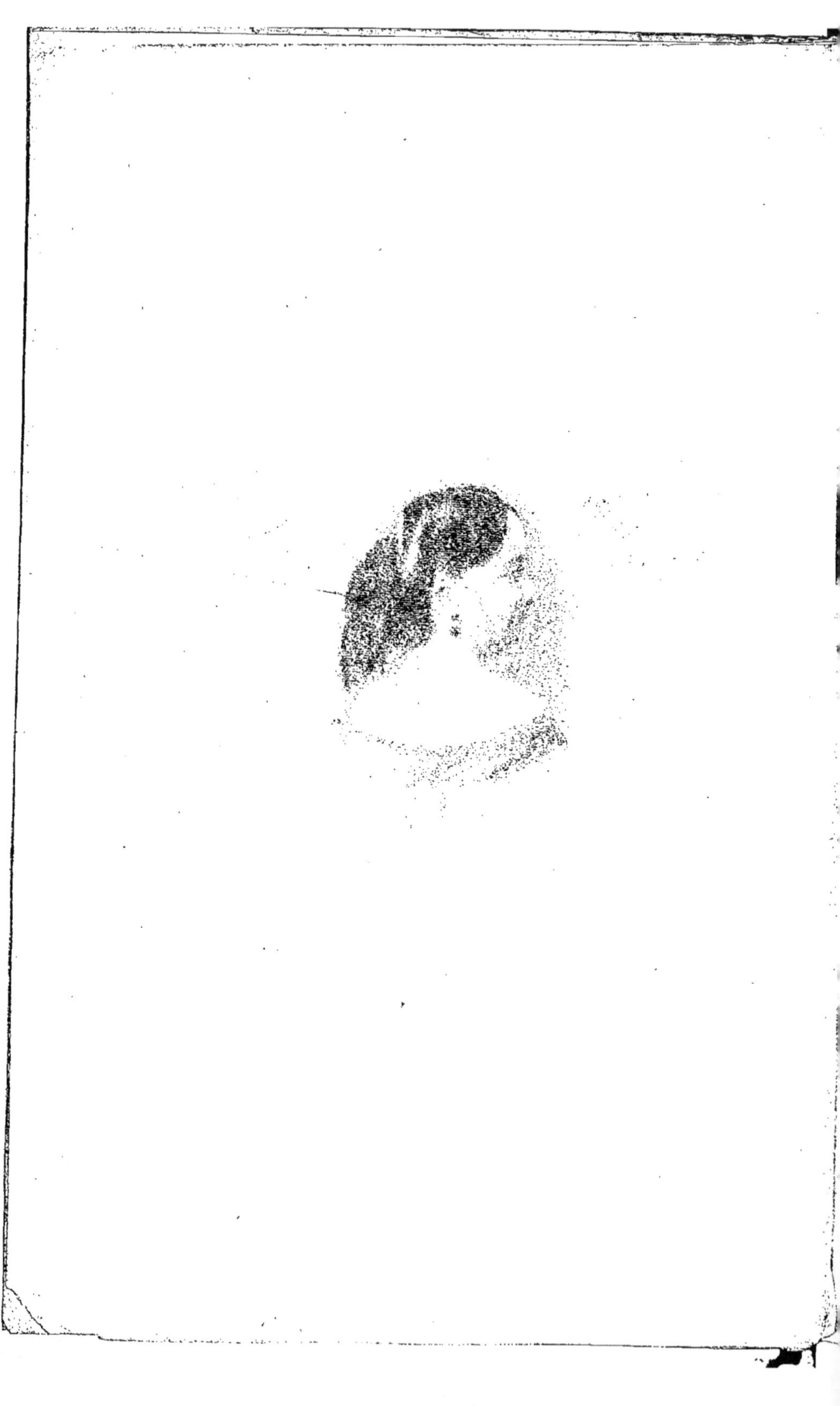

LA MARÉCHALE RANDON

Qui trouvera une femme forte ?
Elle est plus précieuse que les perles qui
viennent des extrémités du monde. —
— Elle a étendu son bras vers le pauvre,
et elle n'a pas mangé son pain dans l'oisiveté. — Son mari a mis sa confiance en
elle. — Il sera illustre dans les assemblées
lorsqu'il sera assis avec les sénateurs de
la terre. — Il s'est levé et il l'a louée. —
La femme qui craint le Seigneur mérite
seule d'être louée.

Proverbes, ch. XXXI.

Un grand roi de l'Orient, inspiré par l'Esprit
saint, traçait, il y a des milliers d'années, ce
portrait de la femme forte, et l'Église catholique
le rappelle à ses prêtres lorsqu'ils montent à
l'autel pour glorifier une élue.

A notre époque où les nobles caractères et les
grandes âmes semblent se faire rares, la plainte

mélancolique de Salomon cherchant jusqu'aux
extrémités du monde une femme digne d'être
louée, a de plus douloureux échos. Elle nous
rappelle davantage à nous-même une perte
récente, et sans vouloir faire le panégyrique de
la pieuse chrétienne dont nous entreprenons
d'esquisser la vie et la mort, et qui protesterait
avec l'impétuosité de sa nature contre un éloge
outré, il nous semble qu'on peut lui appliquer
quelques lignes des saints livres, car *elle crai-
gnait le Seigneur; elle a étendu son bras vers le
pauvre; elle n'a point connu l'oisiveté*, et nous
savons que *son mari, illustre dans les assemblées,
avait mis sa confiance en elle*.

LA MARÉCHALE RANDON

I

ZÉNAÏDE-EDWIGE-CONSTANCE SUIN naquit à Arras, le 26 mars 1811, de Joachim-Benoit Suin, ancien directeur général des domaines de Belgique, membre du collège électoral d'Ille-et-Vilaine, et de Madame Thérèse-Bénédicte-Constance Le Soing.

Ses ancêtres paternels et maternels appartenaient à ces vieilles familles du Nord, nées du sol, et qui étaient restées fidèlement attachées aux traditions de leur province. Mais la fin du dix-huitième siècle avait apporté des modifications profondes dans les idées et les principes, et Joachim Suin, grisé par des illusions que partageaient à cette époque troublée beaucoup de grands seigneurs et de nobles esprits, salua avec joie, ce qu'on voulait bien appeler « l'aurore de la liberté ».

Nommé en 1790, à vingt-cinq ans, directeur des

domaines du Pas-de-Calais[1], loin de pactiser avec la démagogie, il se hâta d'en répudier les erreurs et les crimes, et chercha même à soustraire quelques émigrés aux mesures iniques prises contre eux, en Artois comme partout, en ce funeste temps. Reconnu coupable de modérantisme, emprisonné à Arras, il attendait stoïquement la mort, lorsque le féroce Lebon qui, d'ordinaire, ne laissait pas échapper ses victimes[2], cédant à une pression que nous ne connaissons pas, signa lui-même son élargissement.

Le stage de Joachim Suin dans les cachots de la République n'avait pas affaibli ses idées de justice, et lorsqu'il reprit ses fonctions, après le 9 thermidor, il rendit à ceux de ses compatriotes qui étaient encore suspects et souvent spoliés, tous les services en son pouvoir. Une première et courte union lui avait laissé un fils qui mourut jeune chef de bataillon d'état-major. Il songea fort tard à un second mariage, et tint à s'allier à une famille restée pure des compromissions d'alors avec les révolutionnaires. Doué de tous les avantages extérieurs, aimable, obligeant, distingué, un peu hautain peut-être, administrateur habile et très influent, il fut agréé de Mlle Le Soing, riche héritière dont le père, procureur du roi sous

---

[1] Né le 21 mars 1765, cadet d'une nombreuse famille, Joachim Suin avait cinq frères, tous honorablement posés dans le monde avant la Révolution.

[2] Lebon fut jugé à son tour à Amiens, il se vanta d'avoir relâché trois de ses prisonniers, parmi lesquels était M. Suin, et cette *clémence* lui paraissait une preuve convaincante de l'équité qui présida toujours à ses jugements.

Louis XVI, avait été emprisonné pendant la Terreur, et avait risqué sa vie, à plusieurs reprises, plutôt que de renier sa foi politique[1]. Cette union fut heureuse. Cependant, M. Suin avait gardé de son siècle une profonde indifférence (qui n'était pas d'ailleurs de l'hostilité) en matière de religion, les douces vertus de sa charmante femme ne purent la modifier, et ce fut pour elle une longue amertume.

M. et Mme Suin avaient déjà une fille dont la remarquable intelligence et l'éclatante beauté grandissaient avec elle. Ils souhaitaient ardemment un fils, et la venue d'une seconde fille, brune et chétive, fut pour l'orgueil de son père une telle déception, qu'il fit appeler sur-le-champ ses fidèles tenanciers de Mingoval (Pas-de-Calais), leur confia l'enfant, et n'y pensa plus. La jeune mère devait y penser, elle, mais toujours soumise, elle ne dit rien. La fillette, ainsi délaissée, ne reçut le saint baptême qu'un an après sa naissance, et sa bonne nourrice lui donna pour parrain et marraine les deux aînés de ses enfants. Nous ne devons pas oublier qu'à cette époque l'Europe entière retentissait du bruit des batailles, et que Dieu, à peine rentré dans ses temples en ruines, y était souvent délaissé.

[1] A la nouvelle de la déchéance du roi et de l'emprisonnement de la famille royale, Ange-Alexis Le Soing, procureur du roi à la gouvernance d'Arras, avait fièrement porté sa commission au tribunal, en disant qu'il n'était plus rien, puisque le roi, *son maître*, était lui-même dépossédé. On l'avait laissé libre après cette courageuse protestation. Il fut incarcéré ensuite à Arras, le 23 ventôse an II (13 mars 1794), à la requête de la municipalité de Lille. Il avait alors 62 ans. Il fut élargi après le 9 thermidor (voir p. 94).

Zénaïde Suin resta jusqu'à sept ans auprès de la famille patriarcale qui l'avait soignée et aimée depuis sa naissance. Elle se plaisait à rappeler, dans sa verte vieillesse, la vie au grand air, qu'elle avait menée pendant ses premières années, et à laquelle elle attribuait sa robuste constitution, ses jeux sous les grandes futaies de Mingoval, les Noëls patois et les naïves chansons qui avaient charmé son enfance, et elle parlait toujours affectueusement de la jeune marraine, préposée d'ordinaire à sa garde. Cette bonne femme est morte presque centenaire, en 1889, aux environs de Bapaume, où elle s'était mariée.

M. Suin n'avait point eu de fils de sa seconde union. Il se souvint enfin, dans un des rares loisirs de sa vie de haut fonctionnaire [1], de sa fille cadette, et il se décida à la rappeler près de lui. L'enfant revenue dans sa famille, belle, forte, intelligente et déjà sérieuse, reçut, sous les yeux de sa pieuse mère, les plus solides enseignements. Elle fut mise ensuite chez les religieuses Augustines, à Paris, pour y terminer une éducation brillante, dont elle sut largement profiter.

Mlle Eudoxie-Constance Suin, sa sœur aînée, avait été mariée à seize ans, en 1824, au jeune baron Blanquart de Bailleul, fils du premier président de la Cour de Douai, vice-président de nos Assemblées législatives sous la Restauration, et neveu de Monseigneur Blanquart de Bailleul, archevêque de Rouen.

---

[1] Après avoir occupé des postes importants, M. Suin avait redemandé la direction des domaines du Pas-de-Calais et habitait alors son magnifique hôtel d'Arras.

Cette alliance, qui comblait tous les vœux des deux familles, laissait prématurément une grande place vide au foyer de M. et de Mme Suin. Délaissant leur hôtel d'Arras, ils se fixèrent à Hermaville, « vaste château Louis XV, situé au milieu des bois », et ils rappelèrent le plus promptement possible leur fille Zénaïde auprès d'eux. Presque toute sa jeunesse se passa à la campagne, entre son père qu'elle aimait profondément et qui se plaisait à cultiver sa vive intelligence, et sa mère, musicienne consommée, toujours douce, pieuse, aimable, qui tout en se prêtant à tout et à tous avec une entière abnégation, ne pouvait souffrir ni la Révolution, ni les révolutionnaires, et avait gardé une large place dans ses rancunes inoffensives « aux immortels principes » de 1789.

M. Suin n'avait point entendu se séquestrer à Hermaville ; il voyageait beaucoup et il conduisait souvent sa fille, non seulement dans les châteaux voisins, fort animés pendant la saison des chasses, mais encore à Paris, où il avait conservé un appartement, et surtout chez sa sœur aînée, la baronne Blanquart de Bailleul, très brillante et très recherchée à Arras, où son mari était alors intendant militaire. Mlle Suin rencontra chez elle, pour la première fois, le capitaine Randon, petit-neveu de Barnave, neveu par alliance du général comte Marchand, pair de France, qui devait lui laisser plus tard sa fortune et son titre. L'élégant officier, causeur incisif et spirituel, très répandu dans le monde, remarqua bien vite, entre toutes, la charmante jeune fille qui semblait s'abriter, fière et timide, derrière sa sœur aînée. Il la revit souvent, pendant l'hiver de 1830, et il demanda sa main peu de temps après. M. Suin refusa, sans même en parler à sa famille, un capitaine dont la fortune était médiocre, l'avenir militaire problématique, et qui, fort attaché à sa province, voudrait sans doute s'y fixer plus tard. Mlle Suin avait fait son choix, elle aussi, et en apprenant fortuitement la décision de son père, elle lui déclara qu'elle ne pouvait songer à lui désobéir, mais qu'elle ne se marierait jamais, puisqu'il lui était interdit de songer au seul homme à qui elle aurait confié sa vie sans effroi. Elle tint parole, et renonça au monde à vingt ans, dans la mesure où cela lui était possible, sans trahir un secret qu'elle entendait garder avec un soin jaloux.

« Ne pas souffrir dans la volonté, c'est ne pas souffrir », a dit admirablement Fénelon. L'énergique jeune fille chercha à s'oublier elle-même en s'occupant activement des pauvres et des malades qu'on trouve partout, car la croix est toujours sous nos yeux. Elle partagea plus que jamais les occupations de son vieux père, avec lequel elle avait plus d'un trait de ressemblance et dont elle respectait sans effort apparent les moindres décisions. En dépit de tous les orages, la puissance paternelle était encore absolue à cette époque, et l'obéissance paraissait un devoir qu'on ne savait pas méconnaître.

De longues années se passèrent ainsi, Mlle Suin avait pris la direction de la maison de sa mère, et n'oubliait point de vérifier les comptes des régisseurs. On

raconte aussi que les délibérations du conseil municipal de son village et les questions de chemins vici-
naux étaient pour elle sans mystères. Ses mains ne
restaient jamais inactives, et son ange seul aurait pu
compter les trousseaux et les layettes dont sa charité
pratique savait trouver le placement. Elle accoutumait
en même temps son esprit aux plus sérieuses lectures,
son âme aux plus fortes vertus sous le regard de Dieu
qu'elle cherchait à servir fidèlement. M. Suin était
mort tranquillisé sur l'avenir de sa fille cadette dont
il appréciait la ferme intelligence et la valeur morale.
Mme Suin vieillissait doucement consolée par sa grande
foi et par les soins si attentifs dont elle se voyait
entourée.

Le capitaine Randon avait oublié très vite un rêve
d'avenir à peine entrevu. Nommé chef d'escadron au
13ᵉ chasseurs, il avait épousé, vers la fin de 1830, une
nièce de Casimir Périer, dauphinoise comme lui, et il
aurait pu trouver le bonheur dans cette union, si sa
jeune femme ne lui avait été prématurément enlevée
par la mort, lui laissant une petite fille. Les hasards
de sa carrière militaire ne lui permettaient pas de la
garder près de lui ; il la confia à sa belle-mère, à une
vieille tante qui habitait avec elle, et il partit seul pour
l'Algérie. Jacques-Louis-César Randon, devenu successivement colonel du 2ᵉ chasseurs d'Afrique, à Oran,
maréchal de camp à Bône, lieutenant-général et directeur des affaires arabes au ministère de la guerre, fut
nommé, dans les premiers mois de 1849, commandant
à Metz de la 3ᵉ division militaire qui comprenait cinq

départements. Mlle Suin, inébranlablement fidèle à ses premières pensées d'avenir, avait alors près de trente-huit ans. Elle était encore belle, d'une distinction qui toucha plus tard à la majesté, et lorsqu'elle le voulait bien (nous devons dire qu'elle ne le voulait pas toujours à cette époque) son esprit et sa grâce la rendaient irrésistible. Elle fit savoir simplement, avec l'assentiment de sa mère, au général Randon qu'elle était libre. Il s'empressa de la demander de nouveau, fier et heureux de reconstituer pour lui et pour sa fille un foyer qui serait, il le savait, si noblement gardé. Le mariage se fit le 4 octobre 1849.

Une nouvelle vie commençait pour la sérieuse chrétienne qui, en donnant son cœur à un protestant loyal et sincère, s'était promis de l'amener à Dieu dans la foi catholique, avec l'espoir de ne pas être séparé de lui pendant l'Éternité. Elle se dit qu'elle y penserait toujours, que toutes ses actions tendraient à ce but, qu'elle solliciterait d'ardentes prières à cette intention[1], mais qu'elle ne chercherait jamais à devancer l'action divine, et qu'elle n'exercerait aucune pression

---

[1] Tous les jours, pendant de longues années, une messe fut dite pour la conversion du général Randon, par les PP. Charles et Amédée de Damas, Monnot, Paschalin, de Bouchaud et Brumauld ; ce dernier, fondateur de l'orphelinat de Bouffarick, avait organisé cette croisade, et chacun des Pères avait pris un jour de la semaine. Plus tard, le R. P. général des Jésuites, instruit des sollicitudes du P. Brumauld et des derniers services que lui avait rendus le Maréchal, devenu Ministre de la Guerre, voulut s'associer à sa reconnaissance et consacra aux mêmes intentions les suffrages de deux mille messes. — *La conversion d'un maréchal de France*. Paris, Poussielgue, 1892, 1 vol. in-18.

sur les sentiments religieux du général. « Je sus me
taire », s'écriait-elle quarante ans plus tard. Elle avait
« l'habitude de cette continuelle victoire intérieure
qu'on appelle l'état de grâce », et elle ne craignit pas
de s'engager, dès les premiers jours de son mariage,
à se relever toutes les nuits, afin de prier pendant dix
minutes, les bras en croix, pour l'âme qui lui était
si chère. Dès lors, quelles que fussent les exigences
de la vie mondaine, ses voyages, ses souffrances physiques, elle n'y manqua jamais. Pendant dix-huit ans,
fidèle à sa double résolution de silence et de prière
pénitente, elle ne parla qu'à Dieu et à ses confesseurs
de ses désirs, de ses espérances, et hélas de ses découragements. Voulant faire violence au Ciel, se redisant
à elle-même « une seule chose est nécessaire », elle
songeait, au mois de septembre 1867, à augmenter ses
heures d'insomnies afin de prier davantage, et le
R. P. Olivaint devait lui répondre : « Je n'approuve
pas votre privation de sommeil. Confiance, confiance !
Jésus s'est réservé cette conquête à Lui-même. J'ai
peur, moi aussi, mais de votre peur[1]. »

Quelques jours plus tard, le maréchal disait sponta-
nément à l'heureuse chrétienne : « J'avance en âge ;
« il se fait en moi une sorte de paix... la paix du
« soir... et quand la paix vient, Dieu n'est pas loin !...
« j'ai besoin de prier, vous êtes pieuse, je veux prier
« avec vous ! *je veux me faire catholique !* »[2].

<hr>

[1] *La conversion d'un maréchal de France.*
[2] *Ibid.*

II

Le général Randon était « un homme de bien, d'ordre, de sens et de justice »[1], et son âme était naturellement catholique[2], mais en 1850, lancé dans le tourbillon des affaires, il ne songeait point encore à orienter sa vie du côté du Ciel. Il avait refusé successivement, par les plus nobles motifs, le commandement du corps d'occupation de Rome, l'ambassade de Vienne et le ministère de la guerre. Un pressant appel à son patriotisme l'ayant forcé d'accepter cette dernière situation le 24 janvier 1851, il la conserva peu de temps et dut se retirer au mois d'octobre suivant, ne voulant point participer au coup d'état lentement préparé dans l'entourage du prince président. Pendant son passage au ministère, le général avait solidement organisé le corps d'armée de Rome, protégé tous les intérêts catholiques, et le pape Pie IX, touché de son zèle, lui avait envoyé un des premiers grands cordons de son ordre. Ce fut pour Mme Randon, qui menait à Paris comme à Metz une vie profondément chrétienne, la meilleure des joies, et un présage dont elle attendit patiemment la réalisation.

[1] Guizot, *Lettre à Madame Lenormand.*
[2] *La conversion d'un maréchal de France.*

Malgré la loyale résistance du général Randon aux
projets du prince Louis-Napoléon, ce dernier lui conservait toute son estime, et il lui en donna bientôt la
preuve en le nommant gouverneur général de l'Algérie. « Il y arriva le 1er janvier 1852, écrivait la
« maréchale Randon [1], et j'allai l'y rejoindre, lui ame-
« nant sa fille. Ce n'était point sans tristesse que nous
« abordions cette rive lointaine. Nous laissions en
« France des morts bien chers ; ma mère s'était
« éteinte dans sa profonde solitude d'Hermaville ; une
« précieuse enfant était retournée à Dieu ; le général
« avait perdu son oncle, le général Marchand, qui
« était pour lui comme un père, tous étaient morts
« consolés, bénis par la main du prêtre. »

Madame Randon avait failli mourir en perdant sa
chère petite fille et d'autres épreuves encore avaient
atteint son âme vaillante. Nous en retrouvons le souvenir dans une lettre écrite à une de ses cousines au
mois d'avril 1852. « J'étais encore bien souffrante,
« hors d'état d'écrire, dit-elle, et je remettais de jour
« en jour le plaisir de vous répondre, lorsqu'il m'a
« fallu penser aux préparatifs de mon départ, pour
« lesquels j'ai eu si peu de temps, au moment même
« où des affaires de succession m'en prenaient beau-
« coup. Je me suis jetée en voiture, en sortant de mon
« lit après sept semaines de souffrances, et je suis
« arrivée à Marseille, juste au moment où le paquebot
« de l'Algérie allait partir. Nous avons fait une tra-

____
[1] *La conversion d'un maréchal de France.*

« versée effroyable, par un temps exceptionnellement
« mauvais avec un bateau cassé, et nous avons mis
« un jour de plus en voyage qu'on ne le fait ordinai-
« rement. C'était fait pour nous, car le général avait
« été aussi très malheureux, si vous vous en sou-
« venez. Claire a été pendant quelques heures fort
« éprouvée, pour moi, j'ai fait de mon mieux tête à
« l'orage, et je n'ai pas souffert immensément. Enfin,
« nous avons gagné la terre d'Afrique et retrouvé
« notre intérieur qui nous manquait depuis longtemps.
« Cependant je pense encore à m'en séparer pour
« ramener Claire en France pendant les grandes cha-
« leurs, et si j'exécute ce projet, il est bien entendu
« que nous irons vous voir en Dauphiné. J'aurai
« grand plaisir, ma chère cousine, à me retrouver
« avec vous, me rappelant toujours avec reconnais-
« sance et bonheur les instants que j'ai passés à M***
« Il m'est triste de penser que nous ne reverrons
« plus ce bon vieux général qui m'accueillit si bien
« aussi[1], que mon mari regrette si vivement, et que
« j'aimais comme un père. Que de deuils se sont suc-
« cédé pour moi. J'en suis au sixième depuis cinq
« mois. Dieu veuille qu'après de si rudes épreuves,
« nous nous arrêtions maintenant et pour long-
« temps. »

Il fallait vivre désormais loin de l'affectueux regard
des chers disparus et assumer les responsabilités d'un

---

[1] Le général comte Marchand, mort dans sa terre de Saint-
Ismier, le 12 novembre précédent.

grand pouvoir. Le nouveau gouverneur général était
à la hauteur de sa tâche. Tout en facilitant le dévelop-
pement de la colonisation, et personne ne s'y entendait mieux que l'ancien commandant de la subdivision
de Bône, il devait affermir la domination française en
Algérie, et assurer non seulement la sécurité des fron-
tières mal délimitées, et où les hostilités restaient
permanentes, mais encore celle de l'intérieur. Une
partie du Tell échappait à nos lois, et les balles mortes
des Kabyles arrivaient parfois jusqu'à nos casernes
du littoral. Le général Randon sut faire de ses troupes
une pépinière de héros, et organiser des expéditions
jusque dans les oasis du désert avec des auxiliaires
tels que les Pélissier, les Mac-Mahon, les Bosquet,
les Yusuf, les Renaud et tant d'autres. La conquête
de la Kabylie acheva son œuvre militaire. L'ouverture
de nombreuses routes, un réseau de voies ferrées
obtenu par ses persévérants efforts, l'introduction de
la culture du coton, des dessèchements intelligents,
les mesures administratives les plus sages préparèrent
de 1852 à 1858 une ère nouvelle pour l'Algérie.

Les efforts du gouverneur général ne s'étaient pas
bornés à assurer la prospérité matérielle de la colonie.
Lors de l'établissement des trappistes à Staouéli,
M. de Corcelles avait pu écrire au maréchal Bugeaud
« que ce ne serait pas trop d'une goutte de sainteté
« dans une caverne de brigands ». Le mot était dur.
Le général Randon fit de son mieux pour multiplier
« les gouttes de sainteté », pour leur donner au moins
abri et protection dans un pays plein de promesses,

mais livré à des courants divers, et devenu le refuge
d'une population cosmopolite où tous les extrêmes se
touchaient. En six ans, soixante-onze paroisses nouvelles furent créées, grâce au concours du gouverneur
général protestant. De ferventes congrégations, et
parmi elles, les Jésuites et les Trappistes, assurés de
son bienveillant appui, vinrent au secours du clergé
séculier. Les frères de la doctrine chrétienne furent
autorisés à s'établir en Algérie, et ils y eurent promptement un grand nombre d'élèves. On devine quelle
influence discrète et persévérante encourageait des
vues aussi généreuses.

Madame Randon se réserva les pauvres, ne crai-
gnant pas d'affronter seule ou avec une sœur de Saint-
Vincent-de-Paul les spectacles les plus douloureux[1],

[1] Elle ne voulut pas quitter Alger en 1854, au moment où le
choléra s'y implantait, menaçant, et elle redoubla alors ses visites
de charité et les efforts de son zèle. Voici une prière composée
par elle à cette occasion :

« O vénérable Géronimo ! du haut de votre gloire, prix d'un
« généreux martyre, jetez un regard de compassion sur nous, les
« habitants de cette terre d'Afrique, arrosée de votre sang ; priez
« pour nous, obtenez-nous de vivre comme de vrais serviteurs de
« la foi de Jésus-Christ ou de mourir, ainsi que vous, plutôt que
« de renier son amour. Que la pensée de vos souffrances endurées
« par sa grâce, soit notre force dans les tentations. Demandez
« pour nous le courage de supporter les peines de l'âme et du
« corps qui sont notre partage en cette vie, et pour des âmes bien
« chères qui nous ont précédés dans l'autre, obtenez le repos et
« la lumière éternelle. Ainsi soit-il. » (Neuvaine pour le choléra,
8 juin 1854.)

Le vénérable Géronimo, objet du culte de Mme Randon, était
un jeune esclave Biskri, martyrisé en haine de la foi, à Alger, en
1553, et dont les restes venaient d'être retrouvés, d'une façon toute
providentielle, trois siècles plus tard.

afin de porter à quelque colon affamé et fiévreux des
secours immédiats, et l'assurance d'une protection
toujours efficace. Lorsque cela était possible, elle
emmenait avec elle, dans ses courses matinales, sa
jeune belle fille, et l'initiait aux joies de la charité.

Le grand monde algérien avait, lui aussi, ses plaies
et ses scories plus ou moins apparentes. Mme Randon
avait l'horreur du désordre : elle estimait avec raison
que l'éloignement de la mère-patrie ne pouvait auto-
riser aucune fraude d'état civil, qu'une situation élevée
donne des devoirs plus encore que des droits, et n'auto-
rise pas la licence. Elle ferma impitoyablement ses
salons à quelques personnes qui ne lui pardonnèrent
jamais la fermeté de ses principes, et qui devinrent
pour elle d'implacables ennemies.

Sa rigueur n'empêchait pas sa charité, et nous
croyons pouvoir en citer un exemple. Une femme,
qu'elle avait refusé d'accueillir, quoique appartenant
par sa naissance, son éducation, le rang du fonctionnaire qu'elle avait accompagné en Algérie, aux plus
hautes sphères sociales, venait d'être atteinte d'une
maladie qu'on croyait à bon droit contagieuse[1]. M. X.
était en France depuis quelques jours. Deux hommes
employés dans la maison, nous ne savons à quels services, portaient seuls une tasse de tisane, de temps
en temps à la malade, que ses serviteurs avaient aban-
donnée. Mme Randon apprit un dénuement qui n'était
rien à côté des ruines morales de cet intérieur. Elle

---

[1] Nous ne savons plus si c'était la petite vérole ou le choléra.

accourut vers la malheureuse jeune femme, lui donna
ses soins, ses encouragements, la décida à appeler un
prêtre pour l'aider à mourir dans la foi, dont on lui
rappelait si doucement les pratiques, oubliées depuis
l'enfance. Elle guérit, et sa reconnaissance fut aussi
durable que sa conversion.

Les sœurs de l'Espérance, de Bordeaux, furent appe-
lées à Alger, peu de temps après, par Mme Randon,
pour soigner les malades à domicile. D'autres religieuses vinrent ensuite apporter leur part d'efforts,
« leur goutte de sainteté », à l'œuvre de la régénération
algérienne ; et, lorsque le gouverneur général, devenu
maréchal de France, quitta définitivement l'Afrique, à
la fin d'août 1858, il y avait plus de moralité dans les
régions officielles, une répartition intelligente et régu-
lière de secours aux pauvres avait lieu par les soins
d'un comité de dames, créé et présidé par la maréchale Randon. Un courant de foi et de charité circulait
rapide des salons mondains chez les déshérités, toujours nombreux en Algérie, et Monseigneur Pavy
pouvait écrire qu'en douze ans d'épiscopat il n'avait
trouvé aucun gouverneur avec lequel il eût été plus
heureux, plus libre, plus à même de faire le bien.

Pendant son séjour à Alger, la comtesse Randon
avait fait plusieurs voyages en France. Elle y arrivait
dans l'été de 185., fort souffrante d'une traversée particulièrement pénible, très préoccupée d'une mission
toute confidentielle qu'elle avait à remplir auprès de
l'Empereur, et, devant s'arrêter à peine huit jours à
peine à Paris, elle reçut en même temps une invitation

à dîner de Sa Majesté pour le surlendemain, et la visite d'une parente de sa belle-fille, qui s'était crue obligée de venir de province pour la voir. Cette bonne vieille demoiselle (avec laquelle sa famille sympathisait peu) prit une attaque dans le salon où elle venait d'entrer. Madame Randon ne se dérobait à aucun devoir. Elle ne se dit pas qu'elle avait une toilette de cour à faire préparer, que son logement fort exigu ne pouvait recevoir une mourante, à qui elle ne devait rien. Elle l'installa dans sa propre chambre, lui donna les soins les plus généreux, lui fit recevoir les derniers sacrements, et l'ensevelit de ses mains, deux heures avant de partir pour Saint-Cloud. Placée à la droite de l'Empereur pendant le dîner, qui lui parut long, elle rendit compte à Sa Majesté de la situation de la colonie, de ses intérêts, de ses besoins, comme aurait pu le faire le Gouverneur lui-même, qui avait donné d'avance ses instructions à sa femme, préférant ne pas écrire certains détails, et connaissant son tact et la netteté de son esprit. Elle n'oublia rien, eut une réponse à toutes les questions du souverain qui, charmé, la retint longtemps. Puis, rentrée au milieu de la nuit, près de la pauvre morte, elle se mit en prières jusqu'au matin, et régla ensuite, avec sa prévoyance habituelle, tous les détails de l'enterrement. Ses forces physiques n'égalaient point sa force morale ; elle dut s'aliter pendant quelques jours, et ne se plaignit à personne de cette épreuve assurément inattendue.

Au Ministère de la guerre, où le maréchal Randon fut appelé le 5 mai 1859, et où il resta jusqu'au 19 jan-

vier 1867, la grande chrétienne qui priait, silencieuse,
à côté de lui, le vit organiser avec une sollicitude
toute particulière, la Légion d'Antibes, « qui devait
« représenter la France dans une haute mission[1] » ; les
expéditions de Chine et de Syrie, « dans lesquelles
« nous avions à remplir le rôle de soldats de Dieu, en
« aidant les efforts de nos missionnaires et la civilisa-
« tion chrétienne ». Le Ministre qui tenait ce noble
langage ne pouvait rester indifférent aux grandes
vérités religieuses, et, presque à son insu, il entrait
dans la lumière et dans la foi catholiques. On lui dut
la neutralisation de l'abbaye d'Hautecombe, oubliée
avec ses tombes royales par Victor-Emmanuel, lors
de la cession de la Savoie à la France[2] ; la restitution
du couvent de Saint-Denis, devenu une caserne, et du
tombeau de Mme Louise de France[3] aux religieuses
carmélites ; la reconstruction de la chapelle du Val-
de-Grâce, à Paris ; l'organisation du service religieux
dans les forts ; l'extension des immunités militaires à
tous les frères des congrégations enseignantes, l'amélioration des pensions des veuves d'officiers, et d'autres mesures non moins justes et généreuses qui atti-
raient les regards de Dieu sur le loyal soldat.

[1] Le pape Pie IX disait : « Je sais que le maréchal Randon est
« protestant, mais hélas ! dans le temps présent, un protestant
« comme lui vaut mieux que bien des catholiques. »

[2] Cette mesure a protégé non seulement l'existence de ce monastère, mais celle des ordres religieux en Savoie, au moment des
expulsions de 1880.

[3] La pieuse princesse, morte en odeur de sainteté au Carmel de
Saint-Denis, le 23 décembre 1787, a été récemment déclarée vénérable. On espère sa canonisation.

La maréchale Randon touchée des grâces reçues, de celles qu'elle espérait encore, continuait avec une ardeur plus grande ses œuvres charitables, s'occupant tout particulièrement des pauvres honteux, de la société de Saint-François-Régis, ainsi que des chapelles des hôpitaux militaires et des forts, dont le Maréchal lui avait donné, par une délicate attention, le patronage. Toujours levée à six heures du matin en été, à sept heures en hiver, elle commençait sa journée par la méditation, l'assistance à la sainte messe, les visites aux pauvres et aux souffrants. Sa correspondance l'occupait ensuite et l'aidait presque toujours à faire un peu de bien. Vers le soir, elle trouvait le moyen de dérober une heure à ses obligations mondaines pour une lecture pieuse, suivie de la récitation du chapelet.

A Paris comme à Alger, la maréchale Randon eut des ennemis. Elle tenait de son père une grande force morale, le goût de l'autorité, la conscience de sa valeur ; de sa mère, l'esprit d'ordre qui veut que rien ne manque, mais qui ne prodigue rien, une timidité excessive dont elle ne put jamais se défaire entièrement et qui la rendait parfois cassante. On lui reprochait sa réserve, sa fierté, quelques saillies de caractère. « Le maréchal est taquin, disait-elle en souriant, « moi, je suis capricieuse. » On ne savait pas quel travail intérieur se poursuivait sans relâche dans cette âme généreuse sous une direction éclairée[1]. Si les

---

[1] Ce furent d'abord celle du P. Gratry, et ensuite celle du vénéré P. Olivaint, martyr de la Commune de Paris, fusillé le 26 mai 1871.

saints ont des défauts qui étonnent souvent autour
d'eux, s'ils se laissent surprendre et vaincre par les
constantes tentations de leur caractère, ils s'en humi-
lient, ils réagissent sans vouloir s'installer lâchement
dans le mal. « La vie du juste n'est d'abord qu'une
« trace imperceptible de lumière qui croît par degré
« jusqu'à ce qu'elle soit le jour parfait[1]. Combien de
« fois faut-il mettre au feu l'or obscurci de son âme
« et le frapper à coups répétés avant qu'il prenne la
« forme d'un ange », disait à son tour un grand théo-
logien du moyen âge[2], commentant le texte sacré. La
Maréchale mettait tous les jours cet or au contact de
la prière de la charité, de la mortification surtout,
qu'elle pratiquait avec un zèle et une persévérance
dont son corps délicat avait reçu l'empreinte et dont
ses directeurs seuls ont connu les secrets.

« L'extrême dignité de ses manières tenait à dis-
« tance ceux qui l'approchaient et rendait l'intimité
« difficile. Il y avait une glace à rompre pour péné-
« trer jusqu'à une région de son âme où on trouvait
« avec surprise une puissance d'affection dont ceux
« qui l'ont éprouvée ne peuvent oublier la délicatesse,
« la sûreté, et à certains jours même la tendresse[3]. »
Ce portrait d'un homme éminent est celui de la noble

---

[1] Cette traduction, qui n'est pas absolument littérale, vient du
chancelier d'Aguesseau. Voici le texte du livre des Proverbes :
« Justorum semita, quasi lux splendens, crescit usque ad perfec-
« tam diem. »

[2] Richard de Saint-Victor.

[3] Duc de Broglie. *Introduction aux mémoires de M. de Viel-Castel.*

Maréchale. Cette « puissance d'affection », quelques
cœurs l'ont connue, et comme elle n'était ni banale,
ni fugitive, ils savaient que le foyer intérieur si soi-
gneusement caché aux indifférents les réchaufferait
aux jours d'épreuves, s'ils en avaient besoin. Dans la
vie habituelle Madame Randon ne voulait pas laisser
paraître l'exquise sensibilité de son cœur et elle la
refoulait si bien qu'on pouvait aisément la nier. Elle
semblait jouir de cette méprise et se plaisait à dire que
si on la voyait jamais pleurer, elle serait très malade
ou tout au moins très affaiblie. Et cependant les tristesses de ceux qu'elle aimait faisaient monter plus
d'une larme furtive à ses yeux, et nous trouverons dans
sa correspondance des accents dont il est impossible
de méconnaître la profondeur. Aussi inspirait-elle des
dévouements sérieux et durables, tout en se faisant
un peu craindre. Le charme et la distinction de son
esprit, sa passion pour le bien, la rare sagacité de son
jugement et jusqu'à la rigidité de ses principes, atti-
raient vers elle, sinon la foule des natures frivoles, du
moins celles plus rares qui ne redoutaient pas d'avoir
à faire un effort pour jouir de ces grands dons. Ils
restaient enveloppés d'une froideur hautaine pour les
fourvoyés.

Nous avons dit la rigidité de ses principes. Aucune
considération humaine ne pouvait l'arrêter lorsqu'une
chose lui semblait mauvaise ou dangereuse. Un soir,
à Compiègne, on jouait devant la cour impériale une
comédie qui paraîtrait peut-être très anodine aujourd'hui, mais qui devait attrister une chrétienne.

Quelques jeunes femmes rougissaient derrière leur éventail, la maréchale Randon qui était au premier rang se lève et s'en va. On prévient le Maréchal, alors ministre de la guerre, qui était resté dans un autre salon avec deux de ses collègues : de hauts fonctionnaires s'empressent : « Je ne suis pas malade, dit la « Maréchale d'une voix ferme, cette pièce m'ennuie « et je pars ». Toute la cour crut que cette incartade entraînerait une longue disgrâce. Il n'en fut rien et l'Empereur, qui savait apprécier tous les genres de courage, témoigna une plus haute estime encore à la Maréchale.

Cette femme dont la vie intérieure était à la fois si intense et si austère, qui avait un esprit si élevé, une culture intellectuelle si solide, aimait la toilette (qu'on nous pardonne ce détail). C'était encore pour elle une des formes de l'ordre et du beau. Elle voulait que la jeune paysanne n'eût pas le vêtement de l'ouvrière des villes, et la petite bourgeoise ceux de la grande dame, mais elle jouissait en remarquant un joli visage, et la vue d'une femme élégante était un régal pour ses yeux. Madame Swetchine ne comptait pas parmi les esprits futiles, on se souvient de ses joies bienveillantes, lorsque ses jeunes amies, heureuses et parées, l'entouraient une heure, avant de se rendre à une de leurs fêtes.

Trois passions ardentes, exclusives, se partagèrent la vie de la maréchale Randon. Elles étaient si pures de tout égoïsme qu'elles ont dû ajouter à son bonheur dans une éternité désormais sans mystères pour cette admirable croyante.

Elle aima Dieu dès son enfance et par dessus toutes
choses jusqu'à la fin. Elle voulut son règne et sa gloire,
se pénétra de son évangile et marcha sous son regard
avec une foi que rien ne fit défaillir. Au milieu du
grand monde, absorbée, semblerait-il, par les devoirs
de son rang, elle réserva toujours non des minutes,
mais des heures pour la prière, la visite au très saint
Sacrement, les œuvres de miséricorde, comme au
temps où elle vivait dans les campagnes solitaires de
l'Artois. Le jour même de sa mort, fidèle à ses pieuses
pratiques, elle offrait ses souffrances pour la conversion des pêcheurs, après avoir dit, presque en entier,
le chapelet franciscain.

Elle aima son mari d'une inexprimable tendresse,
et son dévouement ne se borna pas à lui donner le
bonheur terrestre, à désirer pour lui la gloire humaine,
elle eut une ambition plus haute, celle de le voir con-
naitre et posséder son Sauveur. Elle suivit pas à pas
l'ascension de son âme vers le surnaturel ; attentive
et prévoyante, elle chercha à écarter, sans même paraître
les voir, tous les obstacles que les affaires, les
conversations, l'esprit du monde pour lequel le Sauveur ne voulut pas prier, l'amitié même, pouvaient
apporter à la conversion qui était l'unique objet de ses
vœux [1]. Lorsque survinrent les heures sombres, et

[1] La Maréchale veillait à ce que le Maréchal, encore protestant
de nom, ne fût pas entraîné au temple, lorsque toutes ses préfé-
rences semblaient déjà le porter vers l'église catholique. Il y avait
à ce sujet une lutte sourde, et d'ailleurs fort courtoise, entre elle
et le général baron de C** très ferme dans sa foi calviniste, et qui,
membre du Consistoire de Paris, se croyait doublement obligé de

que la calomnie put frapper au cœur le Maréchal à
la veille des désastres de la France, il était prêt à
recevoir la plénitude de la foi chrétienne. Armé contre
la douleur et « d'autant plus respectueux envers le
« pouvoir qu'il y avait plus longtemps participé »[1], il
ne se plaignit pas de la récompense bien humaine
qu'il recevait après soixante ans de services. Il quitta
noblement le ministère de la guerre le 19 janvier 1867,
refusa toutes les compensations que l'Empereur voulait lui offrir, et restant toujours calme et digne, il
vit monter à ses pieds le flot des bassesses et des
lâches insultes[2]. « La paix du soir est venue, disait-il,
« et Dieu n'est pas loin. »

conduire aux cérémonies de son culte, au moins aux grandes fêtes,
le Ministre de la Guerre, son parent et son ami. Une veille de
Pâques, la Maréchale se demandait, anxieuse, comment elle ferait
pour éloigner le lendemain l'austère général, lorsqu'elle le vit entrer dans son salon avec le Ministre qui paraissait mécontent. Au
bout de quelques minutes, M. de C**, fort sérieux, dit qu'il était
venu prévenir son vieil ami des heures du service religieux du jour
de Pâques et qu'il viendrait le chercher pour faire avec lui la
Cène pascale à laquelle ils ne pouvaient se dispenser l'un et l'autre
de prendre part. La Maréchale eut une inspiration subite, et,
s'adressant à son mari, elle dit négligemment : « Je croyais, mon
« ami, que nous étions obligés d'assister, avec tous les grands
« dignitaires de la Couronne, à la messe aux Tuileries, elle est
« justement à cette heure-là. Comment feriez-vous pour vous en
« dispenser ? » Le général de C** était battu encore une fois, et
le Ministre paraissait heureux comme un enfant qui échappe à une
explication désagréable. Ce mince incident nous semble caracté-
ristique.

[1] *De la situation de l'armée en 1866*, par le maréchal comte
Randon. Grenoble, Maisonville, 1870.

[2] Pour expliquer la politique impériale à la veille de Sadowa,
on fit courir dans le monde entier des bruits de complots, de
trahison, et même d'arrestation de l'ancien Ministre de la Guerre.

La maréchale frémissante souffrait de mille blessures en voyant des procédés « dignes des plus
mauvais jours de la politique italienne »[1]. Elle sut
imiter dans son abnégation le vieux soldat « qu'elle
« entourait de la tendresse la plus attentive, du
« dévouement le plus passionné, de la vénération la
« plus profonde »[2]. Son troisième amour, celui de la
Patrie, devint plus héroïque, il ne diminua point.
Elle aima la France comme elle savait aimer, déplo-
rant ses erreurs, admirant sa vitalité, priant et faisant
prier pour son relèvement, sûre malgré tout de sa
mission chrétienne et civilisatrice. « Nous aurons
« encore, disait-elle, des *Gesta Dei per Francos* ». En
apprenant plus tard la résolution d'un enfant qu'elle
aimait, qui renonçait aux promesses de la terre, à un

Un matin du mois de mai 1867, l'officieuse agence Havas annonçait qu'il venait d'être fusillé dans un fossé de Vincennes. La ré-
miniscence était au moins maladroite pour la dynastie qu'on
croyait servir. A quelque temps de là, le prince Oscar de Suède
demandait au prince Napoléon : — « Qu'y a-t-il de vrai dans tout
« ce qui se dit sur le maréchal Randon ? — « Peuh ! fit le cousin
« de l'Empereur, il y a un ministre fidèle, et un souverain qui ne
« l'est pas ! » — (*Mémoires du maréchal Randon*, Paris, Lahure,
1877 ; Colonel comte de l'Église, *A propos de l'anniversaire de Sadowa*, correspondant, juillet 1888.)

[1] *De la situation de l'armée*, etc. Le Maréchal n'eut pas la per-
mission de faire imprimer sous l'Empire cette brochure écrasante
d'ailleurs pour ceux qui cherchaient à faire retomber sur lui leurs
responsabilités. L'allusion à la politique italienne visait en particulier le préfet de police Piétri, qui avait cherché des espions,
même parmi les serviteurs du Maréchal, afin de surprendre un
mot qu'il aurait pu interpréter ensuite à sa guise pour défendre
la politique de ses maîtres. L'Empereur ne connut pas ces igno-
bles procédés.

[2] *La conversion d'un maréchal de France, pages intimes*, p. 116.

avenir brillant selon le monde, pour se donner à Dieu, elle s'écriait en essuyant ses larmes : « Ah ! quelle pure « victime pour le salut de notre pauvre pays... mon « dernier amour ! ». Rien ne put altérer cet amour, aussi ne pouvait-elle comprendre qu'on vécût sans souffrir, hors de la France, et quelque temps avant sa mort, elle écrivait à un ami : « vous vous éternisez « à **, l'air doit y être cependant bien lourd pour « des poumons français. »

Nous ne dirons rien de la conversion définitive du maréchal Randon à la foi catholique, des émotions touchantes et cruelles des trois dernières années de sa vie, depuis sa sortie du ministère jusqu'à sa mort. Elles ont été racontées dans un livre que tous ses amis connaissent[1], qui nous semble presque un legs sacré, car il fut la dernière œuvre d'une admirable vieillesse. Son succès a été une consolation suprême pour celle qui, en écrivant à quatre-vingts ans « les « pages intimes », s'est plus d'une fois évanouie à sa table de travail, succombant à la fatigue et surtout à l'émotion, après un long labeur qu'elle ne permettait à personne de partager.

Nous ne parlerons pas davantage de la mort du vaillant soldat terrassé par la douleur sur une terre étrangère. Au mois d'août 1870, il se disposait, quoique déjà gravement malade, à reprendre le gouvernement de l'Algérie, sur les pressantes instances de

---

[1] *La conversion d'un maréchal de France, pages intimes.* Paris, 1892.

l'Empereur. Des difficultés survinrent, et le Maréchal,
qui ne conservait aucune illusion sur son état, se
sentant près de sa fin, voulut revenir en Dauphiné
pour attendre, au milieu de ses plus chers souvenirs,
le suprème appel de Dieu, « de son Dieu sauveur »,
ainsi qu'il le nommait souvent. Vers la fin d'octobre,
au moment où la reddition de Metz navrait tous les
cœurs français, le jeune docteur qui ne quittait l'illustre malade ni le jour ni la nuit fut mobilisé, et on dut
aller chercher des soins médicaux de tous les instants
à Aix-les-Bains d'abord et ensuite à Évian, mais le
Maréchal n'était plus transportable, il fallut s'arrêter
à Genève. « C'était la dernière étape, et une des plus
« douloureuses épreuves du mourant était certaine-
« ment d'entendre les crieurs du *Journal de Genève*
« hurler deux ou trois fois par jour les défaites de
« la France [1]. » La maréchale Randon n'a pas voulu
soulever le voile qui a caché les amertumes d'une
lente agonie. Nous devons imiter sa réserve, et cepen-

[1] *La patrie, ses souffrances me tuent,* telles furent les suprêmes
paroles du Maréchal à Genève, le 13 janvier 1871. Mgr Mermillod
lui avait apporté la bénédiction du pape Pie IX et ne le quitta
point dans ses derniers moments. Plus tard, il écrivait à la Maréchale : « J'ai une douce chose à vous dire ; j'ai parlé au Saint Père
« du cher Maréchal ; je lui ai raconté en détail sa maladie, sa
« mort si sereine, et votre admirable dévouement. Il était ému ; il
« m'a parlé en termes reconnaissants de ce que le Maréchal avait
« fait pour lui, et il m'a chargé de vous transmettre un camée en
« souvenir... » Le 12 juin 1872, Pie IX adressa lui-même à la noble
veuve une lettre où Sa Sainteté disait : « *Le souvenir que vous*
« *avez eu pour votre illustre mari honore votre cœur, et Nous esti-*
« *mons absolument justes et vrais les éloges que vous donnez au*
« *défunt.* »

dant que de choses il y aurait à dire sur les derniers
entretiens de ces deux âmes « qui s'étaient attendues
sur la terre, qui s'y étaient rencontrées, qui avaient
enfin partagé la même foi, subi les mêmes épreuves,
et dont l'une allait voir son Dieu face à face, pendant que l'autre acceptait les larmes, les souffrances
qui n'ont qu'un temps, avec la pensée d'un revoir
éternel » !

Lorsque celle qui restait enchaînée à la vie eut
acquis la douloureuse certitude que tout bonheur
était fini pour elle en ce monde, défaillante et brisée,
elle se jeta au pied de la croix qui venait de recevoir
le dernier soupir du maréchal, et dans sa foi débor-
dante, elle s'écria: « j'ai perdu Celui qui m'avait été
« donné, je n'ai pas perdu Celui qui me l'avait donné !
« Mon Dieu, détachez-moi et attachez-moi ! »

La triste veuve eut à redire souvent cette prière de
la première heure, car la résignation n'est pas de
l'indifférence, et la vie chrétienne est un perpétuel
recommencement. Elle se releva néanmoins, fortifiée
par la grâce divine, prête à gravir les degrés de son
calvaire avec la sérénité que donne la pensée du
Ciel. Elle pouvait écrire ensuite: « Que sont les
« souffrances de la terre à qui sait son âme immor-
« telle », — et plus loin: « où l'Éternité réside, on
« retrouve jusqu'au passé ! »

III

La maréchale Randon ramena, quelques mois plus tard, le cercueil dont elle s'était constituée la fidèle gardienne dans le pays où son époux avait voulu dormir son dernier sommeil, à côté du vieux général[1] qui l'avait initié, encore enfant, à la vie militaire.

Le cimetière de Saint-Ismier, situé à quelque distance de la maison de famille, et assez près de l'église paroissiale pour en recevoir les bénédictions, s'étale au soleil dans un admirable panorama. Un somptueux monument y recouvre les restes des deux illustres soldats et rappelle leurs services. Au-dessus de leurs noms et de leurs armoiries, au-dessus de toutes les mentions de batailles et de gloire humaine, on remarque une simple pierre incrustée dans le mur; elle porte ces mots : « *Solatori Deo* ».

La Maréchale qui avait fait placer cette inscription, put la méditer à loisir dans ses visites quotidiennes au champ du repos. Enveloppée dans son deuil, ferme dans sa foi, ne voulant plus vivre que pour Dieu et pour les bonnes œuvres, elle avait eu le difficile cou-

[1] Jean-Gabriel, comte Marchand, général de division, pair de France, grand-croix de la Légion d'honneur, de Wurtemberg, de Saint-Louis, de Hesse-Darmstadt, chevalier de Saint-Louis et de la Couronne de fer, mort à Saint-Ismier, le 12 novembre 1851.

rage de la solitude à la campagne et elle s'était fixée
définitivement à Saint-Ismier ; mettant d'ailleurs au
premier rang de ses nouveaux devoirs la défense de
la mémoire du Maréchal, pour lequel une justice tar-
dive commençait à peine dans son pays.

« Saint-Ismier est un logis modeste mais vaste, aux
murs crépis en gris, au toit de tuiles rousses, bâti
presque au bord de la route, à l'entrée d'un beau parc.
De la terrasse, la vue s'étend sur une des plus fertiles
vallées de France, celle du Graisivaudan, parsemée
de villages, de castels et d'anciens monastères, plantée
de vignes et de forêts et qu'arrose l'Isère dont les
méandres capricieux dessinent sur toute cette verdure
une immense arabesque d'argent.

« Logis assurément noble dans sa simplicité. On y
voit de magnifiques tableaux, trop grands pour ces
salons, des portraits de famille, des collections d'armes superbes, les mille souvenirs de deux existences
de soldats: celle d'un fidèle de l'Empereur premier,
et celle d'un grand administrateur algérien devenu
maréchal de France[1]. »

La maréchale Randon vécut là, faisant de cette
vieille demeure un reliquaire dans lequel elle réunit
tout ce qui avait appartenu à son « cher absent »,
ainsi qu'elle le nommait. Sans méconnaître les jouis-
sances que donne la culture de l'esprit, elle se donna
tout entière aux œuvres de charité, étant d'avis « que
« c'est ne valoir rien que de n'être utile à personne.

---

[1] Le général Marchand et le maréchal Randon. — Charles Buet,
La Tour griffe d'or. Paris, Delarue, 1892.

« Il y a tant de satisfaction à sortir de soi pour s'oc-
« cuper des autres. Essayez », écrivait-elle un jour à
un ami.

Faire le bien n'est point d'ailleurs chercher une
sinécure. « Soyez inutile, soyez mauvais, vous avez
pour vous le diable et le monde », disait une femme
d'un grand esprit et d'un grand cœur. « Soyez chrétien, l'enfer, la terre et j'allais dire presque le Ciel se
mettront contre vous. Car il faut à Dieu des âmes de
forte trempe, décidées et tenaces ; il les forge à coups
de revers. Rien de facile comme de laisser les âmes
se perdre, les orphelins errer à l'abandon, les pauvres
s'engloutir, chacun périr à sa guise, cela se fait tout
seul. Dès que vous vous insurgez contre cette loi de
gravitation en vertu de laquelle tout ce qui penche
vers l'abîme, tombe dans l'abîme, vous avez l'avalan-
che entière sur les bras. L'homme que vous retirez de
la dépravation la chérit et s'y replonge. Cette famille
que vous cherchez à relever par le travail, s'obstine
à croupir dans la paresse, et si ce n'est plus une créa-
ture, s'il s'agit d'une œuvre, vous saurez alors ce que
sont les soucis et ce que sont les défaillances. Les
âmes les meilleures se dresseront contre vous... Le
privilège de servir Dieu s'achète et se paie[1]. »

La maréchale Randon avait déjà acheté chèrement
ce privilège, elle avait vu « l'obstacle que tout ce qui
« est bon rencontrera toujours sur la terre ». Lorsqu'elle fut seule à lutter pour le bien, qu'elle n'eut

---

[1] *Les tristesses humaines.*

plus comme auxiliaires puissants, la situation officielle de son mari et l'appui si ferme qu'il lui donnait lui-même, elle se heurta à chaque pas contre
l'égoïsme, la basse envie, les sentiments misérables,
floraison perpétuelle en ce monde. « Hélas, écrit-elle,
« *la vie est une foule où chacun tire à soi*[1]... Sursum
« Corda. Il le faut, autrement on plierait sous le poids
« des amertumes. Plus l'on vieillit, plus l'on fait de
« tristes expériences; quand vous aurez vécu mon
« âge, vous aurez vu »; et plus loin : « Mon Dieu, ma
« bien chère, que le monde est mauvais... et bête,
« vous dire combien l'intérêt, le point de vue per-
« sonnel oblitèrent le jugement, c'est impossible. Est-
« ce donc une loi que dans toutes les affaires de notre
« triste époque, il y ait un principe de confusion,
« de contradiction et de dissolution. Ce n'est pas une
« petite affaire que de vouloir le bien contre une force
« d'inertie, la seule qu'on rencontre aujourd'hui, mais
« elle est bien puissante et on se heurte contre elle. »

Un peu plus tard, endolorie par les mêmes coups,
elle écrivait encore :

« 14 septembre, jour de croix. En ce qui me con-
« cerne, ma chère enfant, vos pressentiments se sont
« réalisés, mon agacement est complet. Notre Sei-
« gneur est bien bon de me préparer ainsi et de mul-
« tiplier les occasions de lui offrir ma peine. Il y a
« vraiment du charme à vouloir ce qu'Il veut. Écrivez-
« moi, j'ai *très soif* de votre affection. »

---

[1] Nous retrouverons plus loin une citation plus longue de ces
vers de Sainte-Beuve à Mme Victor Hugo.

Elle ajoutait un autre jour, au récit d'une tentative charitable qui n'avait pu aboutir : « Notre Seigneur me « traite sévèrement. Alors je n'ai plus qu'à m'étendre « sur sa croix et me retourner avec mon misérable « cœur, essayant de remonter tous les jours les mar- « ches du même escalier avec le même fardeau. Priez « pour moi. »

Nous retrouverons dans la correspondance de la Maréchale des plaintes plus douloureuses encore, car elle se heurtait à chaque instant contre des obstacles imprévus, les hommes et les choses semblant s'unir pour paralyser ses efforts. Éminemment femme d'action, elle recommençait la lutte, sans autre souci que celui de remplir son devoir, sans autre récompense que les consolantes lumières qui lui venaient de l'éternité.

Les œuvres de charité ne lui faisaient point oublier l'œuvre de réparation et de justice à laquelle elle s'était vouée dès les premiers jours de son veuvage. Les mémoires du maréchal Randon avaient paru de 1875 à 1877, et l'immense travail de recherches auquel elle avait pris une si grande part pour préparer avec d'éminents collaborateurs cette publication, sa correspondance pour la répandre, les souvenirs si intenses qu'elle réveillait, avaient sérieusement altéré sa santé et fatigué ses yeux. Le noble caractère du serviteur dévoué de la France, de l'administrateur sagace et intègre qui n'avait besoin que de vérité pour reprendre sa vraie place dans l'histoire contemporaine, lui faisait faire des comparaisons douloureuses

avec les hommes de ce temps. Les lettres de la Maréchale de 1875 à 1880 portent l'empreinte de cette double préoccupation. Elle écrivait [1]: « Que vous dirai« je, chère amie, de mon apparente négligence ?
« Rien du tout, si ce n'est qu'elle n'est qu'apparente
« et que je pense souvent à vous ! J'ajouterai que tout
« est si triste, qu'en ces temps où l'on échange des
« souhaits, où l'on n'aperçoit que lâchetés, défail« lances, menaces de l'avenir, les vœux que l'on
« s'adresserait ressemblent trop à des condoléances !
    « Je ne retourne pas à Paris, je ne veux pas voir
« de près tant de turpitudes, entendre ses clameurs
« malsaines à mes oreilles reposées par le calme de
« ma vallée. Les échos me suffisent, je crois qu'ils
« vont me redire la *Marseillaise*, chantée hier sur le
« théâtre de G. Quand vous aurez assez des plaisirs
« de la capitale venez donc trouver une cénobite. Je
« crois que par le temps qui court, c'est le sort le
« plus enviable. Fadette et moi, nous offrons l'image
« de l'amitié fidèle.
    « A*** m'a écrit fort tristement. Elle ne regarde
« pas d'assez haut les infamies dont ses adversaires
« se rendent coupables et qui ne peuvent l'atteindre,
« je le crois du moins. »

    « Chère comtesse, je vous dois beaucoup de lettres
« et les meilleurs souvenirs depuis longtemps. J'ai
« été très souffrante plus de trois mois. Je suis pré-

[1] Lettres à Mme la comtesse de B**, née de Suin.

« sentement au château de Challes-les-Eaux, dans
« un ravissant petit coin de la terre, j'y ai retrouvé
« ma santé, l'ensemble est excellent, le détail laisse
« encore à désirer. L'affection que j'avais sur les yeux
« s'est déplacée et jetée sur les oreilles, ce qui n'est
« pas plus gai. Attendez-vous à me retrouver sourde.
« L'invention du téléphone et de ses dérivés n'a été
« faite que pour moi.

« Il paraît que M. de Saulcy[1] s'est cassé un bras.
« J'espère qu'il est bien remis, malgré qu'il ne soit
« plus jeune. Et vous aurez su que M. Suin est mort,
« à mon grand regret[2]. C'est le dernier de mes parents
« de ma génération au moins, un homme de grand
« esprit, de grand cœur, d'une mémoire sans pareille,
« d'un désintéressement qu'on ne rencontre plus...
« Adieu, chère comtesse, ne m'oubliez pas. Croyez que
« je vous suis bien attachée. »

« Chère comtesse, comme vous êtes bonne de vous
« souvenir encore de moi qui suis si maussade, si
« triste aussi que je crois bien n'avoir pas répondu à
« votre dernière lettre. Je vous remercie très tendre-
« ment de vos vœux, de votre affection qui m'est en
« vérité très précieuse. Vous voulez bien vous rap-
« peler les moments trop courts que vous m'avez

[1] M. de Saulcy, membre de l'Institut, parent de la maréchale
Randon.
[2] Louis-Victor Suin, conseiller d'État et sénateur, cousin ger-
main de la Maréchale, né en 1797, mort en 1877, à Chatou, près
Paris.

« donnés, c'est un encouragement à vous en deman-
« der d'autres ; mais, hélas, que deviendrions-nous
« cette année qui s'annonce si mal. Je suis très frappée
« de l'effondrement du pont des Invalides, n'est-ce
« pas le prélude et le présage d'un avenir effrayant.
« Ce fleuve, dans sa course désordonnée, ne res-
« semble-t-il pas à la Révolution qui entraîne tout sur
« son passage, les hommes, les choses, et jusqu'à la
« dignité et au prestige de notre pauvre pays. Les
« réceptions officielles dont parlent les journaux me
« font un peu l'effet d'une représentation de Guignol.
« Je suis ici très paisible dans un pays beaucoup
« meilleur que sa réputation. Tout le monde travaille
« parce que tout le monde possède, et le froid n'a pas
« trouvé nos pauvres trop désemparés. Mais les
« choses marchent vite, nous voilà maintenant, vo-
« guant à pleines voiles vers la gauche radicale, et
« nous devons nous préparer aux événements les plus
« redoutables. C'est du reste ce qu'il faut voir, avant
« d'en voir la fin. A la grâce de Dieu. Les morts sont
« heureux qui ne voient que par la lumière divine
« et dans la volonté sainte.

« Je n'ai aucun projet de séjour à Paris. Il faudra
« donc que vous veniez me chercher au fond du Dau-
« phiné, dans une manière de Chartreuse. Ce sera
« fête quand vous arriverez.

« Mille amitiés tendres. »

Les doléances de la maréchale Randon ne paraly-
saient point son zèle. Après avoir embelli l'église
paroissiale, réparé son clocher et secouru abondam-

ment toutes les infortunes environnantes, elle songea
à établir des sœurs gardes-malades à Saint-Ismier
pour soigner gratuitement les pauvres si délaissés à
la campagne, lorsqu'ils souffrent, et que leurs parents, leurs voisins sont absorbés par leurs rudes tra-
vaux. Aussitôt que cette pensée lui fut venue, elle
multiplia les démarches, chercha une maison dans le
village de Saint-Ismier, et disposa activement toutes
choses, sans se préoccuper de ses fatigues et de ses
dépenses pour une œuvre qui lui paraissait bonne et
utile. Cela suffisait à son dévouement. Elle écrivait
en juin 1880 :

« L'archevêque (le vôtre [1]) m'a répondu ce matin
« un mot fort gracieux, et se montre très empressé
« de me donner *de ses chères filles*. Leur supé-
« rieur me paraît moins disposé à cette concession.
« Il m'a répondu, à la date à la date du 23, qu'il
« m'enverrait une sœur pour voir la localité et s'en-
« tendre avec moi... et oncques je n'ai eu de ses
« nouvelles. Comme il arrive toujours, des offres sédui-
« santes me sont faites d'ailleurs. Je les repousse
« bien entendu, parce que les proverbes sont la
« sagesse des nations ; or, il y en a un qui dit : « *qui*
« *trop embrasse, mal étreint* ». On travaille à ma
« maison, à mon monastère, je devrais dire. Je crois
« qu'il sera très bien. La cage est prête. Il me manque
« les oiseaux. Il faut avouer que je choisis un singu-

---

[1] Mgr Paulinier, archevêque de Besançon, dans le diocèse duquel
était la maison-mère des Sœurs en question.

« lier temps pour établir des sœurs à Saint-Ismier. »

Deux ou trois jours plus tard, elle revient sur ce sujet après avoir reçu une lettre dans laquelle on l'engageait respectueusement à débattre avec soin les questions financières, comme si elle était « tout le monde » et afin de n'avoir point de surprises. « Vous « allez me gronder, ma chère enfant, j'avais déjà écrit « au supérieur pour lui demander ses conditions « comme prix, lui dire les miennes comme action des « sœurs. Dût-il augmenter *en ma faveur* ses préten- « tions en les motivant sur l'éloignement de la mai- « son mère, je vois qu'elles n'excéderont pas (au « contraire) le sacrifice auquel je m'étais résignée. »

Six semaines après, toutes les difficultés étant aplanies, la Maréchale écrivait :

« Mes bluets[1] me sont arrivés, il y a huit jours, au « nombre de... deux ; la troisième viendra un peu « plus tard. Leur mobilier, leur maison, rien n'était « prêt encore, mais je crois que mercredi, octave de « leur arrivée, elles pourront entrer chez elles. Nous « faisons en attendant le meilleur ménage du monde. « Elles doivent être très bonnes et très expérimentées « et je pense qu'on ne pouvait rencontrer mieux. « Je vous remercie encore de me les avoir indi- « quées. »

Deux mois avaient suffi à l'active charité de la

---

[1] Le costume de ces Sœurs était bleu, et en Franche-Comté d'où elles venaient, on les nommait volontiers Sœurs bleues. Elles ne répondirent pas aux espérances de la Maréchale, et il fallut plus tard changer de congrégation.

Maréchale pour mener à bien cette fondation qui devait lui donner plus d'une inquiétude et d'une amertume avant de recevoir sa forme définitive.

Un décret que nous n'avons pas à qualifier ici avait chassé depuis quelques mois les jésuites de leurs résidences. D'autres Français toujours prêts, eux aussi, à tous les dévouements, devaient avoir le même sort. A Paris, à Marseille, à Carcassonne, à Frigolet, la police, la gendarmerie, l'armée furent réquisitionnées par les préfets pour jeter hors de leurs pauvres maisons des hommes qui s'y étaient réunis afin de pratiquer en commun d'austères vertus, et d'étendre ainsi le règne de Dieu sur la terre. Les pères capucins de Meylan subirent la même loi, le 4 novembre 1880, dans des circonstances particulièrement honteuses pour leurs persécuteurs. Écoutons la Maréchale écrivant à une parente, sa correspondante habituelle.

« Ma bien chère enfant, j'ai mené une vie impos-
« sible. Deux fois par jour sur la route de Meylan,
« et souvent la journée entière chez mes pauvres chers
« voisins. D'alerte en alerte, nous avons fini par être
« témoins d'une scène sauvage. C'était ignoble et
« c'était splendide. Le mouvement religieux a été
« magnifique, digne des premiers âges de la chré-
« tienté. Mes yeux se remplissent de larmes au sou-
« venir de cette foule serrée, compacte, émue, recueil-
« lie, faisant escorte au divin exilé, et chantant le
« PARCE DOMINE *à tue-tête,* dans ce panorama qui forme
« à lui seul un cadre si imposant[1]. Et puis mardi, nous

[1] Monseigneur l'évêque de Grenoble lui-même portait le Saint-

« recommençons, cette fois au Palais de Justice, assi-
« gnés comme témoins par le jeune de Monteynard[1].
« Ceci manquera tout à fait de poésie et d'agrément,
« mais le pauvre jeune homme qui s'est fait mettre
« en état d'arrestation n'a certes pas agi pour son
« plus grand plaisir. Mieux vaudrait être avec vous,
« sur le lac de Paladru, *par un beau soir d'été*[2]. Ah !
« ma bien chère, c'étaient encore de bons moments
« (en comparaison) ; les reverrons-nous ? L'horizon

Sacrement de la chapelle du couvent à l'église de la paroisse. La
maréchale Randon fit faire une image *memento* qu'elle distribua
aux témoins de cette inoubliable scène. Le texte portait la date du
4 novembre 1880, et le premier verset du *Rorate Cœli*, ainsi que le
quatrième, admirablement applicables à la circonstance. « Que
« votre colère s'apaise Seigneur ; ne vous souvenez plus de nos
« iniquités. Considérez la cité où est votre sanctuaire devenue
« déserte ; Sion n'est plus qu'une solitude, etc. »

[1] Le marquis de Monteynard, se souvenant des traditions chrétiennes six fois séculaires de sa famille, était venu de Tencin se
mettre à la disposition des R. P. Capucins. Bousculé, emporté et
jeté à terre par *six* agents de police, il les avait traités de lâches,
non sans raison. Il fut traduit devant le tribunal correctionnel de
Grenoble, défendu avec une spirituelle éloquence par Me Farge, et
condamné à seize francs d'amende, minimum de la peine.

[2] La maréchale Randon avait passé quelques jours, au mois de
septembre précédent, chez une de ses parentes. Dans une pro-
menade à Paladru, ces dames furent surprises au milieu du lac
par un violent orage ; la barque qui les portait se remplissait
d'eau et la foudre ajoutait encore à l'horreur d'une situation qui
paraissait terrifier les bateliers. Après une fervente prière récitée
à haute voix, la Maréchale, pour rassurer ses compagnes, se mit
à chanter d'une voix juste et pure : « Amis, que la mer est belle
« par un beau soir d'été, etc. » On put aborder, non sans peine,
sur la rive opposée et changer de vêtements dans une petite auberge voisine du lac. Le même jour et à la même heure, quatre
personnes se noyaient dans le lac du Bourget, dont les vagues
furieuses avaient submergé leur canot.

« politique s'assombrit de plus en plus. Après avoir
« payé ma dette ici, je songe sérieusement à aller en
« Italie, passer trois mois. »

La maréchale Randon parut, en effet, devant le Tribunal de Grenoble, avec la générale Avril de l'Enclos. La dignité de son attitude fit une grande impression sur la foule, aussi houleuse que bigarrée, qui remplissait la salle d'audience.

Au mois de décembre suivant, elle écrivait :

« ..... Oui, je voulais aller vous parler de tout
« cela hier, soupçonnant que vous étiez rentrée, mais
« je suis souffrante depuis huit jours, je paie mes
« émotions du mois dernier, j'appelle cela une Mey-
« lanie !

« Le bon Dieu envoie bien des noix à ceux qui ne
« peuvent les croquer, et nous autres, conservateurs,
« nous suivons toujours les lois existantes. Au mo-
« ment où un beau mouvement se produisait ici, mou-
« vement d'union et de résistance ; où des gens qui
« ne se voyaient pas s'étaient rapprochés, d'autres,
« qui étaient brouillés, s'étaient raccommodés dans un
« sentiment tout catholique ; voilà **... qui nous jette
« un chat aux jambes..... Il fait trop mauvais pour
« que vous veniez à moi ; si le temps le permet, ven-
« dredi j'irai vous chercher. Cela reviendra au même
« pour nos cœurs.

« Chère comtesse », écrivait encore la Maréchale
à une autre de ses parentes : « Vous savez, depuis
« longtemps, que je suis une paresseuse, que j'ai
« toute la peine du monde à prendre une plume ; ma

« pensée est plus active et va souvent vous chercher.
« Présentement, si je suis encore en retard, mes yeux
« ne sont pas les coupables, c'est ma santé en géné-
« ral, qui s'est ressentie de scènes violentes que nous
« avons eues ici comme partout, au reste, dans les
« derniers mois de l'année. Où étiez-vous pendant ces
« scènes sauvages ?

« Dans dix ans, les Allemands, devenus aussi pieux
« que nous, donneront d'autres représentations au
« monde des francs-maçons. En parlant de ceux-ci,
« le pauvre de *** en était. Il a su se défendre d'un
« enfouissement, ce dont je lui sais le meilleur gré.
« C'eût été affreux.

« Je n'ai nul projet d'aller à Paris cet hiver. Peut-
« être au printemps, et passant par Rome. Les funé-
« railles de Blanqui m'ont paru d'une effrayante
« simplicité. Elles se fussent étendues sur une plus
« grande échelle, eussent envahi toute la capitale,
« que personne au monde ne se fût opposé à ce
« scandale. Vrai, ce n'est pas encourageant ! On va
« à Paris pour se *divertir !* Je voudrais vendre mon
« hôtel.

« Mille amitiés tendres, chère comtesse. J'y joins
« mes souhaits de vous voir à Saint-Ismier cette
« année. »

La Maréchale avait renoncé à son voyage en Italie,
elle voulait suivre de près les commencements de sa
fondation de sœurs gardes-malades. Elle écrivait à
l'une de ses correspondantes, en la priant de lui choi-
sir quelques objets pour de petits enfants :

« Je les voudrais pour la veille de Noël, j'aime cette
« tradition de mon pays sur le petit Jésus, qui pense
« aux petits enfants, tout particulièrement et tout
« d'abord. Que devenez-vous? me donnerez-vous ces
« jours bénis que vous ne pouvez passer cette année
« avec **... ; j'en serai bien heureuse. Voulez-vous
« que j'aille vous chercher vendredi, et que nous
« repassions une fois encore, pendant quelques jours,
« tous nos souvenirs d'autrefois, au coin du feu, à
« ces places, vides de ceux que nous aimions. Nous
« sommes des épaves restées sur le grand chemin
« de la vie... Il n'est pas gai, le grand chemin ! »

Non, il n'était pas gai, mais la Maréchale vivait de
plus en plus d'une vie toute intérieure, et cherchait à
purifier son âme des plus petites taches, avec la loyale
franchise qui était en elle. Ayant perdu son confesseur
habituel, elle eut à se faire connaître à un autre religieux, et elle pouvait écrire ensuite :

« J'ai fait une bien bonne séance mercredi, car j'ai
« trouvé quelqu'un qui débroussaille et prend au
« sérieux les cultures qui lui sont confiées. Aussi,
« somme toute, je suis fort contente. L'ordre est une
« belle chose. »

A travers des préoccupations diverses et des douleurs qui lui arrachaient ce cri : « Je suis agacée sur
« tous les tons, et il me faut sans cesse répéter :
« Patience aujourd'hui, mon âme ! », la Maréchale
avait l'âme sereine, et ses lettres contenaient souvent
d'amusantes réflexions.

« Ah ! ma chère amie, *si la mer est belle par un*

« *beau soir d'été*[1] *!* ce n'est pas le cas, je vous écris
« sous l'eau, dans l'eau, sur l'eau. Je comprends que
« votre pauvre santé ne s'accommode pas de ce climat
« tout néerlandais. Pour moi, qui avais dans mes
« ancêtres un canard et une sarcelle, cela ne va pas
« trop mal. Je me crois sous le ciel d'Artois. Mais,
« grands Dieux, que nous donneront nos fermiers ?
« J'irai samedi, si le temps le permet, passer une par-
« tie de la journée avec vous ; j'ai cent choses à vous
« dire, et avant, toutes mes tendresses. »

Au mois de juin suivant (1881), la Maréchale écrivait de Paris :

« Ma bien chère, ce Paris est infect. Je m'y déplais
« extrêmement. Je n'y vois que des gens à mine
« replète, heureux, contents de tout, fort surpris que
« je ne goûte pas la République. — Mais que voulez-
« vous donc ? — Que vous sentiez la honte d'un pareil
« état de choses ! — Et pour mettre quoi ? il n'y a
« rien ; il faut bien se contenter de ce qu'on a. Quand
« on se couvrirait la tête de cendres ? Après tout, le
« pays est tranquille, on ne se bat pas dans les rues,
« les affaires vont bien ; laissons faire Gambetta, etc.
« — Voilà tout ce que j'entends ; et tandis qu'en pro-
« vince nous sentons encore battre nos cœurs, que
« nous élevons nos yeux et nos mains vers le Ciel,
« que nous appelons la lutte, les conférences, que
« nous stimulons la presse (vraies mouches du coche),
« on danse ici, on s'habille, on se déshabille, et,

---

[1] Souvenir du lac de Paladru.

« pour un peu, on se moquerait de nous. Ah ! nous
« ne verrons pas la fin de tout cela... Je suis navrée
« comme tout s'assombrit, comme tout devient triste,
« comme notre Seigneur est outragé ! Qui y pense ? »

De retour à Saint-Ismier, elle écrivait à un ami,
inquiet de l'isolement qu'elle y retrouvait :

« Je suis tranquille autant qu'on peut l'être par le
« temps qui court, où tout contribue au désordre, où,
« jusque dans les plus hautes sphères, se trouvent
« des socialistes qui excitent les pauvres contre les
« riches. » Et, comme elle avait la pleine confiance
d'avoir fait entièrement son devoir envers les déshérités, elle reprend : « Où sont-ils les riches ? ils n'en
« ont plus que le renom.... et les charges. »

Après un automne qui avait amené son cortège
habituel de réceptions, les pensées mélancoliques
reprenaient le dessus, et la Maréchale écrivait, en
novembre 1881 :

« Ma bien chère enfant, que devenez-vous ? Allez-
« vous demeurer ensevelie sous les feuilles sèches de
« M. **... L'ennui me prend de ne pas vous voir,
« alors que j'en ai repris la très douce habitude. Vous
« savez toutes les horreurs de ****. C'est navrant. Si
« j'osais, je dirais que j'en veux au bon Maître qui se
« laisse outrager ainsi, Lui qui sait tout, qui peut
« tout et qui nous aime. Comment peut-Il nous aimer,
« car le meilleur d'entre nous ne vaut rien. — Venez
« donc, que nous pleurions ensemble. Moi, j'ai le
« cœur gros comme une montagne. »

Quelques mois après, écrivant à la même parente,

qui venait de recevoir le dernier soupir de l'une de ses
belles-sœurs, la Maréchale, si vaillante cependant,
laissait percer la lassitude que lui causaient des déceptions de plus d'un genre.

« Ma bien chère, disait-elle, je prends une très
« grande part à votre peine, sans espoir d'en diminuer
« l'amertume, au moment où vous étiez si peu dis-
« posée à la souffrance, pour avoir souffert vous-
« même depuis trois mois. — Je suis effrayée de
« penser que vous avez assisté à toutes ces scènes si
« douloureuses, si imposantes.... Une pauvre créa-
« ture du bon Dieu qui retourne à Lui, le sachant, le
« voulant, qui part sans nous quitter.... Ayons la foi,
« ayons confiance. — J'arrive de Chambéry, il m'a
« semblé qu'on y passait sa vie à s'y enterrer; les
« vieux, les jeunes, les moines, les religieuses, j'en
« ai vu de toutes nuances qui prenaient ce triste che-
« min, sur lequel on ne revient pas. Faut-il les plain-
« dre? je me suis surprise n'en faisant rien.

« J'ai consulté mon docteur, qui me reconnaît une
« grande anémie. Il veut de l'air, une paix pro-
« fonde, c'est le plus difficile.... Je vous attends avec
« impatience, parce que je trouve près de vous la
« distraction affectueuse, efficace, et que je sens le
« besoin de donner de l'air à mes pensées. »

IV

La ville de Grenoble devait beaucoup au maréchal Randon et, entre autres choses, son titre de chef-lieu de la 22ᵉ division militaire ; son École d'artillerie, avec deux régiments montés ; le maintien de la deuxième chambre de la cour d'appel, et d'énormes subventions (dont une de 200,000 fr.) obtenues de l'Empereur pour ses quais, son musée et sa bibliothèque. Une municipalité républicaine lui avait témoigné sa reconnaissance en faisant disparaître son nom par deux fois de l'une de ses avenues[1]. Elle se montrait plus

[1] Après la révolution du 4 septembre, les édiles grenoblois d'alors avaient débaptisé la porte Randon. L'autorité militaire s'émut de cet abus de pouvoirs, et le général de Cissey, ministre de la guerre, fit remettre le nom du Maréchal, « ce monument « appartenant à l'armée et l'armée n'ayant qu'à s'honorer du « souvenir du maréchal Randon ». Les républicains persévérant dans leur haine aveugle, pour l'un des plus glorieux enfants de leur cité, finirent par demander la désaffectation de cette porte qui fut cédée à la ville, et qu'ils firent démolir pour plus de sûreté, en prétendant qu'elle servait de refuge aux malfaiteurs (*sic*). La Maréchale acheta d'un entrepreneur, pour 270 fr., les deux pierres qui portaient le nom de son époux. Elle écrivait à cette époque à un ancien magistrat grenoblois : « Comme Ministre et « comme Président du Conseil général de l'Isère, les services que « le Maréchal a rendus sont immenses — et oubliables aussi, — « paraît-il. *Le bienfaiteur, voilà l'ennemi.* » Il est juste de dire qu'elle reçut en cette circonstance de toutes les classes de la société, et en particulier d'un certain nombre d'ouvriers, les plus vives et les plus touchantes protestations.

lière d'un autre Dauphinois, proche parent du maréchal Randon, d'une renommée moins haute, et qui
après avoir noblement racheté ses erreurs politiques,
avait payé de sa vie, à trente-deux ans, ses courtes
illusions sur la justice républicaine. Barnave n'avait
jamais cru la république et le suffrage universel pos-
sibles et encore moins désirables en France, et trouvait « *la monarchie limitée le plus beau des gouver-*
« *nements* ». Néanmoins il passait pour un ancêtre
aux yeux du conseil municipal de Grenoble en quête
de grands hommes de la période révolutionnaire, et
les vieilles légendes sur le célèbre orateur de la Cons-
tituante aidant, on avait décidé, en 1882, de faire placer son portrait dans le salon de réception de l'Hôtel
de Ville. L'une des petites nièces de Barnave, informée
de ce vote, l'écrivit à la maréchale Randon, alors à
Paris, en lui témoignant ses craintes qu'un peintre
sans notoriété [1] fût chargé de ce travail. Elle aurait
désiré une copie du portrait fait par David dans son
grand tableau *du Serment du jeu de paume*, qui devait
se retrouver dans quelque musée. Cette copie pouvait
s'acquérir si le ministre des beaux-arts refusait de la
donner. La Maréchale, très peu flattée de voir les républicains grenoblois revendiquer Barnave comme l'un
des leurs au lendemain de leurs exploits contre le

---

[1] C'est ce qui eut lieu en effet. Firmin Gautier, peintre grenoblois et... républicain, exécuta un portrait en pied de Barnave
dans lequel on ne peut reconnaître que le costume du temps et la
figure d'un pâle gamin, aux allures de démagogue, qui dut lui
servir de modèle.

maréchal Randon, répondit par la boutade suivante :

« Ma bien chère enfant, je voulais vous écrire avant
« mon départ de Lyon, le temps est passé à tire
« d'ailes, je ne sais trop comment, alors que ma
« pensée seule allait vous chercher. Qu'est-ce que
« nous avons encore à démêler avec Barnave? Ces
« célébrités politiques sont fort ennuyeuses, on n'en
« a jamais fini avec elles[1]. Se souviennent-elles à
« présent de la tache qu'elles nous ont laissée alors
« qu'elles voient le néant de la gloire humaine et
« prennent en pitié nos faibles efforts pour asseoir
« cette gloire sur des bases solides, dans cette foule
« légère, oublieuse, insensée « qui tire à soi » d'une
« façon si cruelle pour tout ce qui la dépasse[2].

« J'en étais là de mes réflexions philosophiques et
« morales lorsque j'ai été interrompue par des visites,
« et, rendue à la liberté, votre lettre du 27 mai m'est
« remise. Je reprends la plume avec plus de calme,
« car je m'étais imaginée, à peu près comme vous,
« qu'on voulait exposer ou plutôt imposer aux Dau-
« phinois un Barnave du cru. Je verrai ces jours-ci
« un neveu d'Horace Vernet ; il doit être au courant
« des mutations artistiques, surtout lorsqu'elles ont
« pour objet des tableaux célèbres, il me dira à qui

---

[1] Allusion à une rectification récente, très courtoisement accordée
par M. Champollion-Figeac.

[2] Déjà du temps de Barnave, « la foule n'aimait pas ce qui
« la dépasse, » et il pouvait écrire « que la réputation même a
« besoin d'être pardonnée. » Le maréchal Randon n'était point
encore pardonné, et ses compatriotes avaient refusé *d'avance* son
buste en marbre pour leur musée.

« nous devrions nous adresser pour obtenir la copie
« que vous souhaitez. Ce n'est pas que j'aie la moin-
« dre sympathie pour David, mais je ne puis malheu-
« reusement m'opposer à sa renommée, et nous
« verrons ce qu'il y aurait à faire pour doter Gre-
« noble d'un portrait sérieusement fait de ce parent.
« Heureuse de vous seconder dans cette œuvre pie,
« ma bien chère, puisque vous y tenez[1]. »

La maréchale Randon retrouvait à Paris ses œuvres
d'autrefois, elle continuait à s'y intéresser avec son
ardeur habituelle, et ses premières courses étaient
toujours pour elles. Membre actif de l'œuvre de
Saint-François Régis, elle racontait avec une verve
inimitable l'histoire d'un ménage de chiffonniers,
secouru par les dames de charité du viie arrondisse-
ment, et qui lui était échu en partage pendant son
séjour au ministère de la guerre. Elle s'était avisée,
dans l'une de ses visites à sa pauvresse, de la ques-
tionner sur les temps les plus reculés de son existence, et sur son mariage. Celle-ci lui raconta fort
simplement qu'elle était la plus honnête femme du
monde, sans avoir jamais passé le seuil de la
mairie et de l'église, que néanmoins elle ne serait pas
fâchée « d'être mariée comme tout le monde, à cause
du vieux qui paraissait y tenir ». Hélas, si « tout le
monde » vivait régulièrement dans ce grand Paris,
refuge de tant d'ignorance et de misères morales, la

---

[1] C'était un Barnave du cru que désirait la municipalité, à l'ins-
tigation du peintre Gautier, et la négociation ne put aboutir.

société de Saint-François Régis n'aurait pas un aussi
vaste champ d'action.

La chiffonnière ajoutait avec une parfaite sérénité :

« Voyez-vous, ma petite dame, voilà quarante ans
« que je suis en ménage, on a beu essayé plusieurs
« fois d'arranger la chose, les enfants le voulaient
« aussi, quand même ils n'ont pas plus de religion
« que nous, mais voilà, c'est les papiers, et on ne
« peut pas bien savoir ousque le vieux est né. »

On le chercha *quinze ans* dans toutes les communes
de France. La Maréchale en quittant Paris avait
donné « son ménage » à Madame Augustin Cochin.
Ce fut elle qui, à force de persévérance, put arriver
jusqu'aux *papiers* indispensables. La mort avait
attendu, et il y eut fête dans le cœur des dames patron-
nesses de l'œuvre et chez le pauvre ménage, qui
avait appris la valeur des sacrements de l'Église le
jour où il put les recevoir.

L'activité de la Maréchale était restée plus grande
que ses forces physiques. Elle entreprenait des œuvres multiples, les suivaient toutes avec le même intérêt passionné et trouvait encore le temps d'étudier le
latin, de faire de la botanique et d'écrire d'innombrables lettres, sans négliger sa correspondance habituelle avec quelques amis qui suivaient sa vie pour
ainsi dire jour par jour.

« Je tâcherai aller vous voir demain, écrivait-elle,
« mais le temps, mais mon temps, je suis surmenée ;
« il serait juste et équitable, comme disent les pré-

« faces, que je m'en aille, pour établir cette vérité
« que personne n'est essentiel. »

Elle redisait en même temps à un autre ami ses
nombreuses préoccupations et finissait ainsi sa lettre :

« Un élan chasse l'autre; imaginez cependant que
« je n'estime rien tant que la paix et l'oubli — non
« le vôtre », ajoute-t-elle gracieusement.

Elle répondait à une de ses parentes :

« Chère comtesse, j'ai été très heureuse de rece-
« voir enfin de vos nouvelles après un si long silence.
« J'aurais voulu vous en remercier plus tôt, mais
« j'ai fait une petite excursion pour éviter les splen-
« deurs par trop rustiques des fêtes de Noël dans
« mon village, et les goûter plus pieusement à Four-
« vières, la sainte colline. Vous ne me donnez aucun
« détail sur vos pérégrinations, mais vous voulez
« bien m'assurer que vous ne m'oubliez pas; je dois
« m'en contenter, car c'est pour moi une grande
« satisfaction. Je n'ai aucun projet de Paris pour
« cette année, il se peut que j'aille dans le Midi. Ma
« santé d'ailleurs est un peu gâtée par un climat très
« clément. Je parle de celui de ma vallée belle à pein-
« dre dans le moment où les neiges éternelles sont
« toutes roses par le plus doux soleil qui les colore
« sans les faire fondre.

« Laissez-moi vous embrasser, chère comtesse, et
« vous assurer de tous mes sentiments dévoués.

« P.-S. — Une idée me fait rire, mais les lettres
« sont ouvertes, il faut se taire. »

Quelque temps après, elle répondait à une affectueuse interrogation :

« Ce que je deviens ? Je sors de mon lit, où j'ai
« laissé, grâces à Dieu, des infirmités de vieux mili-
« taire[1]. Comment je vais ? battue par des flots de
« contradictions, d'amertumes, de jalousies, de calom-
« nies, ah ! que de tristesses inénarrables, mais Jésus-
« Christ les voit, les sait, et cela me suffit. »

Son âme fière gardait habituellement le secret de ses détresses. Après en avoir dit un mot à ses confidents aimés, sa plume alerte passait vite à d'autres sujets. Elle écrivait de Cannes :

« Sous ce ciel où fleurit l'oranger, je me sens toute
« endormie, il est si lourd, ce ciel, on ne s'y retrouve
« pas, on y cherche ses idées, on se cherche soi-
« même. Je regrette ma montagne et ses autans, son
« air vif, si vif que j'ai ouï des bruits étranges sur ce
« vieux Manival[2] qui se serait laissé choir dans la
« vallée, poussé par le zéphir et l'aquilon. Toujours
« est-il que je vis ici, séparée des humains. Marie a
« la rougeole, et nous sommes en quarantaine. Je
« suis très affligée de la mort du marquis de Virieu.
« C'était un homme de bien, très sympathique. Le
« Maréchal l'aimait beaucoup, et tous ceux-là dispa-

---

[1] La Maréchale souffrait parfois de rhumatismes contractés en Algérie.

[2] Torrent de Saint-Ismier dont les crues subites intéressaient très fort autrefois le général Marchand et le maréchal Randon.

[3] Le marquis de Virieu venait de mourir prématurément, le 26 décembre 1882.

« raissent. Serrons nos rangs. Après-demain samedi,
« vous irez entendre la messe, n'est-ce pas, à l'inten-
« tion du Maréchal. »

Quelques jours plus tard, les préoccupations douloureuses revenaient prendre leur place habituelle
dans la correspondance de la Maréchale. « Je suis
« tout simplement désolée de voir que nous autres
« catholiques, nous ne savons jamais, en aucune occa-
« sion, travailler pour la gloire de notre bon Maître.
« Nous savons gémir sur nos propres douleurs, au
« besoin sur les épreuves que traverse l'Église, mais
« non réagir. — Et cependant, il y a des âmes, des
« âmes pour lesquelles Jésus a versé son sang et
« donné sa présence réelle au Saint Tabernacle. Ne
« peut-on donc apprendre à vénérer, à adorer tant de
« bienfaits de son amour? En y pensant, on en pleu-
« rerait. Je suis désolée aussi de voir stérile le dévoue-
« ment du Père de Damas, d'un de ces rares instru-
« ments de la Providence que Notre-Seigneur nous
« ait laissés dans sa miséricorde. — Il me tarde de
« rejoindre ma montagne. Je serai bien heureuse de
« vous y voir, si je ne puis m'arrêter chez vous. Adieu,
« ma bien chère enfant, je vous embrasse tendrement,
« comme je vous aime. »

Tous les regards étaient tournés vers Frosdorf, où
la maladie de Monseigneur le comte de Chambord
s'aggravait tous les jours. La Maréchale écrit :

« Le pauvre vieux roi sans royaume se dirige visi-
« blement vers celui du Ciel, le plus beau après tout.
« C'est une grande douleur et une grande déception

« pour ceux qui, comme nous, survivent à leurs
« espérances. Les desseins de Dieu sont insondables,
« et nous sommes des insensés. Monseigneur, dans
« son linceul, ne demeurera pas moins une grande
« figure du passé, et chacun s'inclinera devant cette
« tombe qui s'ouvre. Que deviendra la France, quelle
« conséquence aura cet événement douloureux ? Cette
« fois, les d'Orléans sont compromis ; le trône, leur
« fortune ou l'exil.

« P.-S. — Voulez-vous, ma chère enfant, me pro-
« curer les *Exercices de Saint-Ignace*, traduits pour
« une retraite de huit jours, et une de trois, par le
« R. P. Bellescius ; je crains que l'édition soit épuisée,
« alors... persécutez votre libraire pour qu'il me la
« cherche d'occasion. »

Cette âme ardente, qui semblait faite pour l'action,
pour les œuvres extérieures (qui ne pouvait, disait un
jour, d'un air maussade, une personne peu familiarisée
encore avec les devoirs qu'impose une haute situation, « ni rester en paix, ni y laisser les autres »),
faisait des retraites de huit jours, soit chez elle, dans
l'accablement des affaires, des visites, et d'une correspondance toujours grandissante, soit dans les maisons
bénies des Dames de la Retraite de Paray-le-Monial
ou du Sacré-Cœur, dont les vénérées supérieures
étaient ses amies. Là, elle passait des journées déli-
cieuses, parce qu'elle se sentait plus près de Dieu, plus
loin du monde et de ses misères. Nous aurions voulu
redire les entretiens de cette âme fidèle avec son
Sauveur ; ils restent un secret que l'éternité seule

pourra nous dire avec tant d'autres. Cependant, écoutons bien, et nous entendrons cet écho. .

« Alleluia ! alleluia !! En quittant la Sainte-Table, « tout à l'heure, je n'avais qu'un mot d'action de « grâces entre vos mains, Seigneur. C'est que j'ai la « joie d'un sacrifice, d'un sacrifice nécessaire à vous « offrir....

Un autre jour :

« J'ai reçu ce matin Notre-Seigneur, j'espère ne pas « interrompre mes visites quotidiennes. On a toujours « quelque chose à lui dire. »

Après avoir ainsi retrempé ses forces, la maréchale Randon retournait dans le monde, reprenant de nouveau, avec ses luttes pour le bien, le cortège des déceptions et des amertumes qui entourent les âmes généreuses.

« Que le Seigneur est bon », écrivait-elle à un religieux qui la soutenait dans ses œuvres, avec un dévouement à la fois paternel et filial, « qu'Il est bon de me donner ainsi le gage de sa bénédiction. Ce sont *coups de rabot*. » Elle terminait sa lettre par ces sages paroles qui résumaient l'ardeur de sa foi, et sa constante soumission à la volonté de son Père céleste.

... « Puis, je me dis que le bien sort souvent du « mal. Levons donc les yeux sur l'auteur de tout « bien, remercions-le des moyens dont il se sert. Il est « loyal, Il nous saura gré de notre confiance. Je l'ai « expérimenté souvent. Soyons-lui donc reconnais- « sant, au lieu de murmurer des grâces reçues et de « celles à venir. »

La Maréchale avait pour les enfants une prédilection toute particulière, en souvenir « de la précieuse enfant » auprès de laquelle elle avait marqué sa place, dès l'année 1851, dans la chapelle funéraire d'Hermaville. L'ange envolé, qui lui avait donné des joies maternelles si profondes et si fugitives, lui inspirait autre chose que des sympathies stériles pour les petits enfants, et elle voyait surtout en eux des âmes pures, aimées de Dieu. L'empoisonnement moral qui commençait à s'accomplir légalement par la laïcisation des écoles, poursuivie sur tous les points de la France, torturait le cœur de la généreuse bienfaitrice des pauvres et des petits. Elle se dit que ceux des pays qu'elle habitait, échapperaient à cette œuvre de destruction, et après avoir établi depuis longtemps, dans ses terres de l'Artois, des écoles florissantes, elle songea à faire venir des Frères de la Doctrine chrétienne à Saint-Ismier.

Avoir une idée aussi éminemment généreuse était pour elle l'exécuter. Elle se rendit parfaitement compte de la lourde charge, des fatigues, des soucis qui allaient augmenter ses tristesses. Quoique souffrante, elle monta à la Grande-Chartreuse, au mois d'août 1884, afin d'y chercher auprès du R. P. Procureur général, en qui elle avait une grande confiance, des conseils et des encouragements. Elle se mit ensuite à l'œuvre, acheta des terrains, fit construire une école modèle à laquelle elle donna, par une attention touchante, le nom de Fénelon, qui était celui de ses petits-fils, futurs soutiens de ses œuvres. Elle enta-

mait en même temps des pourparlers avec les Frères.
Ceux-ci n'oubliaient pas la constante protection dont
le maréchal Randon les avait toujours entourés ; néanmoins, ils hésitaient avant d'accepter cette fondation
nouvelle, leurs maisons étant déjà nombreuses, et
leur personnel relativement insuffisant.

La Maréchale était allée à Paris pour presser elle-
même la décision du Supérieur général. Elle écrivait :

« Je n'obtiens rien des chers Frères de la Doctrine
« chrétienne ; ils m'opposent la force d'inertie, la plus
« puissante de toutes, contre laquelle je me heurte et
« me briserai sans doute. Il paraît qu'on a fait un
« rapport défavorable sur la localité. Je ne sais que
« trop de qui il vient... Il faut maintenant en obtenir
« un autre... A la grâce de Dieu, s'il ne me juge pas
« propre à cultiver sa vigne. »

Les Frères ayant enfin accepté la direction de l'école
Fénelon, à Saint-Ismier, la maréchale Randon se
réserva comme toujours la plus lourde tâche, veillant
à ce que maîtres et élèves ne manquassent de rien,
ne négligeant aucun soin, pour que le corps et l'âme
de ses chers petits protégés fussent à l'abri de toute
contagion. Plus tard, elle ajouta à son œuvre un
patronage de jeunes garçons ; elle fit donner des leçons
de gymnastique, devançant ainsi en faveur des pauvres, dans une mesure toujours intelligente et chrétienne, l'engouement actuel pour les exercices du
corps dans les lycées parisiens.

Parmi toutes les œuvres pieuses qui lui coûtèrent tant
de peines et pour lesquelles elle eut de si amères désil-

lusions, celle-ci, du moins, aurait dû être le baume versé sur ses douloureuses blessures. Là encore, la noble chrétienne devait retrouver la croix de son divin Maître, et, sans parler de l'hostilité des uns, de l'ingratitude des autres, des changements de personnel parfois nécessaires, l'incertitude de l'avenir et même du succès était pour elle un martyre. Elle écrivait à un saint religieux qui avait toute sa confiance :

« Avec le capital qui assurera les rentes de mes
« Frères et la construction de cette école, c'est une
« somme de plus de cent mille francs que j'ai à réaliser
« d'ici à la fin de l'année, et qui sait si j'y serai, dans
« quel embarras je laisserai alors toutes ces œuvres
« que j'ai commencées, et qui sont maintenant l'inté-
« rêt, le *seul* de ma vie. C'est égal, j'ai le cœur
« déchiré. »

Cette pensée de laisser des œuvres inachevées la hantait, car, dans une autre lettre, nous lisons ces lignes :

« Je me sens bien seule pour faire face à tout et
« pour endosser tout. Ma pauvre âme est en peine.
« Et si j'allais mourir avant que mes fondations soient
« assurées ? J'essaie de faire ma méditation sur le
« *Fiat*. Hélas ! ce n'est pas toujours facile. »

Une autre épreuve était survenue et avait été particulièrement douloureuse pour la petite Communauté des Sœurs gardes-malades, et surtout pour leur bienfaitrice.

Une jeune religieuse, non encore liée par des vœux définitifs, avait quitté la maison de Saint-Ismier sans prévenir personne, en renvoyant le lendemain son costume et sa croix. La Maréchale éprouva une commotion violente, et on craignit un instant pour sa santé.

« L'émotion que j'ai ressentie, lorsque cette croix
« a été entre mes mains, est inénarrable. Comprenez-
« vous ce congé donné par elle-même à son divin
« Maître, car elle a renvoyé son image, et je regrette
« de l'avoir rendue à ses supérieurs. J'aurais dû la
« garder, en mémoire d'une félonie qu'il faudrait
« réparer. Ce besoin de réparation est envahissant.
« Cette fois, c'est avec un grand et profond sentiment
« d'acceptation, de soumission, que je reçois cette
« nouvelle épreuve. Ma foi ne défaille pas. Notre-
« Seigneur le permet ainsi... Priez pour qu'Il le
« permette encore demain. »

Le lendemain, c'était une nouvelle peine, non moins vivement ressentie, acceptée avec la même résignation.

« Notre-Seigneur me gâte en ce moment; je m'étends
« sur sa croix comme sur un lit de repos. — Je vous
« recommande dans *notre* livre[1], la « Prière dans
« l'affliction », qui se trouve, je crois, à la page 267[2].
« Elle est bien dans la bouche de ceux qui sont
« entourés de vipères... Vous me l'avez dit un jour :

[1] *Manuel de prières pour les associés de la communion répara-*
trice. La Maréchale, qui s'en servait habituellement, en avait
donné un exemplaire à sa correspondante.
[2] La prière en question se trouve en effet à cette page.

« tout détaché de tout ; mais que faire, sinon aimer
« Dieu et aller droit son chemin. »

Un jour où la coupe d'amertumes était pleine, sans
doute, elle ne put retenir ce cri d'une sombre tristesse :

« Quelle fatigue ! A quand le repos aux pieds du
« Maître ? Quand je serai couchée dans mon cercueil !
« non, ce n'est pas là que nous devons l'y chercher,
« mais au Ciel, où toutes dettes se paient. »

Le lendemain, elle se consolait en s'intéressant à
d'autres amertumes. On l'avait entretenue de l'immense chagrin d'un bon curé, qui voyait la municipalité de sa petite ville prête à s'emparer d'une grande
maison solidement fondée, il y a deux siècles, par les
plus nobles familles de la contrée. C'était la ruine des
écoles catholiques de filles de la paroisse, d'un ouvroir
et même d'un pensionnat. Le pauvre pasteur de tant
de petites brebis avait sacrifié résolument sa fortune
personnelle pour acheter un autre bercail, mais cela
ne suffisait pas. Se faisant quêteur, après avoir frappé
à toutes les portes, il avait songé à « la montagne
d'où vient le secours », et il était venu, muni d'une
recommandation de la Maréchale pour le P. Procureur
général de la Grande-Chartreuse.

Le don du R. P. général avait été considérable, et
néanmoins insuffisant pour calmer les angoisses du
digne prêtre. La Maréchale écrivait : « Vraiment, ce
« n'est pas de la chance. Si le R. P. dom M... eût été
« là, il aurait fait, je le sais, quelque chose pour moi.
« Je ne suis pas satisfaite, mais je ne suis pas décou-

« ragée. C'est une affaire à reprendre l'année pro-
« chaine, ou peut-être dans une occasion quelconque.
« Je voudrais que votre pauvre curé ne se séparât
« pas de ses meubles, de ces témoins de sa charité,
« de son humilité, de son abnégation, de ces amis
« muets pour les indifférents, et, sans doute, éloquents
« pour lui... Voilà que je m'attendris. — Ah ! comme
« Eugénie de Guérin, je dirais aussi : Dans la vie, on
« passe comme dans un cimetière, à répandre des
« pleurs et des prières, et cependant, vous savez que
« je ne suis pas tendre. Vous pouvez le demander à
« M⁰ F...[1], qui, du reste, s'associe à mes colères, et
« nous menons la société des ** par un petit chemin
« où il y aura des pierres, à moins que ces braves gens
« ne mettent les pouces[2]. »

Afin de pouvoir donner davantage, la Maréchale
s'était décidée à vendre son hôtel de Paris, où elle
n'allait presque plus, et qui était pour elle une lourde
charge.

« Me voici sur la route de Paris avec une indicible
« tristesse ; j'ai donc vendu mon hôtel. Je ne suis plus
« qu'un pauvre limaçon hors de sa coquille, il me

[1] M⁰ F..., avocat, ancien bâtonnier de l'ordre, était le conseil et
l'ami de la Maréchale.

[2] La Maréchale, toujours heureuse de faire le bien, se montrait
inflexible quand il s'agissait de recommander une personne qu'elle
croyait indigne de sa protection, et cela n'importe d'où venaient
les demandes. Un ami, qui lui était cher, la pria un jour d'user de
sa haute influence en faveur d'un jeune officier sur lequel pesait
une grave accusation. « Je ne veux pas, répondit-elle, soustraire
« un officier à la justice militaire ; s'il est innocent, il n'a pas
« besoin de moi ; s'il est coupable, tant pis pour lui. »

« semble que je me déracine, je m'amoindris tout au
« moins. Je laisse la bonne part de moi dans cet
« hôtel, et beaucoup de souvenirs de toute espèce,
« hélas ! Peut-être les bons sont en minorité suivant le
« cours de toute ma vie, ici-bas. Mais, qu'ils aient été
« ou cléments ou funestes, les lieux longtemps habités
« nous sont chers, comme les confidents de nos bons
« et de nos mauvais jours. »

Écrivant à une amie dans la peine, elle ajoutait :
« Je comprends que vous soyez agacée, malgré vos
« projets, de tout mettre au pied de la croix, je connais
« l'inanité de pareille résolution. Hélas ! que nous le
« voulions ou ne le voulions pas, il faut remonter le
« calvaire et cueillir ses fleurs empourprées à la sueur
« de notre front. »

« Chère Comtesse, écrivait-elle un peu plus tard,
« de retour à Saint-Ismier, chère Diane, je devrais
« dire, ravie de votre succès et votre précieux livre
« auprès de moi[1], j'aurais voulu vous remercier plus
« tôt de votre tardif souvenir, car je vous ai attendue
« tout l'été, tournant les yeux vers le haut de la vallée,
« mais je n'ai vu que l'herbe verdoyante et le soleil
« poudroyant. Depuis que j'ai reçu votre lettre, j'ai
« été absente, ahurie, pressée, souffrante. Aujourd'hui
« même, je suis encore retenue dans le salon que vous
« connaissez. Faut-il remettre à l'année prochaine

---

[1] La comtesse Marie-Diane de B... à qui cette lettre était adres-
sée, venait de faire paraître, sous le nom de comtesse Diane, un
volume de *Pensées,* qui a eu un éclatant succès, d'ailleurs très
mérité.

« l'espoir de vous y revoir? Qui a un lendemain à mon
« âge? Où serons-nous au train dont vont les choses?
« Savez-vous que j'ai vendu mon hôtel? Mes fermiers
« du Nord ne me payaient plus ; il me fallait donner
« à manger aux Frères des écoles, dont j'ai pris la
« charge. Je bâtis ; quand ce sera fini, je dirai mon
« *Nunc dimittis,* mais j'ai loué un petit pied-à-terre
« à Paris, où j'espère vous voir au printemps, s'il
« plaît à Dieu. »

Une consolation était donnée à la généreuse chrétienne. Ses écoles prospéraient et, à la fin de juillet 1886,
elle avait pu inaugurer, avec l'agrément de Monseigneur l'Évêque de Grenoble, toujours bon et dévoué
pour elle et pour ses œuvres, « un jury d'examen pour
« les écoles libres à Saint-Ismier, point de départ de
« cette institution nouvelle et, nous l'espérons bien,
« un jour centre d'examens. — Jugez! » écrivait-elle.

Les examinateurs, choisis parmi les hommes les
plus honorables et les plus compétents, avaient rempli
leurs délicates fonctions avec une sévérité de bon
augure pour l'avenir, et de magnifiques certificats
d'études sur vélin, auxquels étaient joints des livrets
de Caisse d'épargne, avaient récompensé les élèves les
plus instruits. La Maréchale était radieuse de ne plus
exposer ses chers petits aux interrogations parfois
hostiles des examinateurs de l'État, et de donner,
néanmoins, une sanction à leurs efforts pour acquérir
un savoir dont elle connaissait le prix.

La croix projette toujours son ombre sur quelque
point de notre horizon, et le repos n'est pas de ce

monde. Si banale que soit cette vérité, sa constatation journalière ne va point sans surprise. La maréchale Randon écrivait au mois de septembre 1885 :

« Ma bien chère, je vais à Lyon pour mes yeux,
« toujours en réparation, en attendant la lumière du
« Ciel », et, trois jours plus tard : « Il faut que je vous
« dise que je suis à Chambéry, retenue par mes dou-
« leurs névralgiques. Elles m'ont prise en arrivant à
« Lyon, où j'ai senti le besoin de me rapprocher. Si
« loin qu'on aille, la peine va plus loin encore. Elle
« m'a atteinte. M. le Préfet du Pas-de-Calais a expulsé
« les Sœurs de l'école d'Hermaville, d'une maison
« que j'ai bâtie sur un terrain acheté de mes deniers[1] ;
« alors, vous comprenez, colère verte, bleue, noire.
« Je fais faire une protestation et j'ameute mon vil-
« lage.... »

« P.-S. — Quatorze ans et un jour de République,
« c'est beau, mais c'est long. »

Elle écrivait un peu plus tard à la Comtesse de B*** :

« Ma chère Marie, je suis vraiment bien fâchée
« d'être demeurée si longtemps sans vous remercier
« de votre bonne lettre et de la journée meilleure que
« vous m'avez donnée ; je désire beaucoup la voir se
« renouveler, et notre causerie et nos évocations d'un
« passé si lointain, et de tous ceux que nous avons
« connus et aimés. Si votre santé vous amène à Challes,
« et si je suis encore de ce monde, nous voisinerons,

---

[1] Cette fondation avait été faite par la Maréchale, de concert avec le Maréchal, alors ministre de la Guerre, et encore protestant.

« je m'en fais une fête. — Parler fête ! quelle audace !

« Depuis notre entrevue, j'ai été surmenée, agacée,
« enragée ; c'est une pauvre expulsée qui vous écrit
« aujourd'hui ! Imaginez que dans mon doux et pai-
« sible Artois, j'avais des religieuses pour instruire les
« petits enfants ; elles étaient dans une maison dont
« j'avais payé le terrain, les murailles, le mobilier,
« les impositions depuis vingt-cinq ans, etc., etc., et
« voilà que, de par l'autorité de *Mossieu* le Préfet,
« mes pauvres religieuses sont congédiées et rem-
« placées tout à l'heure par une péronnelle laïque ! je
« suis outrée, je proteste, vous pouvez croire, et ma
« correspondance et ma prose sont consacrées aux
« avocats, avoués, huissiers, basoche sous toutes les
« formes. Et puis, j'ai voulu quitter mon chaume, et
« mal m'en a pris ; j'ai été retenue au lit dans une
« auberge de Lyon, ou de Chambéry. Voilà mon his-
« toire. Dites-moi la vôtre, ma chère Diane, avec
« laquelle je vis et me délecte quand les soucis me
« quittent un instant. Laissez-moi vous embrasser de
« tout cœur. Merci de vos renseignements sur les
« ambulances. »

La persécution sanglante enfante les martyrs, la
persécution légale multiplie les efforts du zèle chrétien. La maréchale Randon continua sa route austère,
avec une volonté plus généreuse encore. Elle avait dû
se séparer des Sœurs gardes-malades, qui retournè-
rent en Franche-Comté, et ayant trouvé l'occasion
d'acquérir une grande maison et un vaste enclos tout
près de l'église de Saint-Ismier, elle adjoignit des

Sœurs institutrices du Saint-Rosaire aux Sœurs gardes-malades de la même congrégation, qu'elle venait d'appeler pour remplacer les Sœurs bleues. Après l'école Fénelon, l'école Notre-Dame était fondée, et si la fervente chrétienne, qui en était l'inépuisable bienfaitrice, dut subir à cette occasion quelques orages, également douloureux pour son cœur et pour sa foi, elle eut ensuite la consolation de voir prospérer cette nouvelle œuvre jusqu'à la fin de sa vie.

V

Les années s'écoulaient. L'anniversaire de la mort du maréchal Randon était revenu encore une fois, et avec lui les pensées douloureuses.

« Je meurs de froid au coin de mon feu, écrivait la
« noble veuve. Cette température rend plus dure en-
« core les pentes de mon calvaire, qu'il me faut
« remonter seule en ces jours de deuil, où la nature
« elle-même prend soin de ne me laisser rien oublier
« de ces lugubres scènes accomplies il y a quinze ans,
« sous ce rude climat de Genève. C'était hier. Pour
« cadre, une neige épaisse, un ciel gris, lugubre, un
« silence de mort. J'ai eu la messe à la paroisse, et
« mes enfants m'ont fait la surprise d'une messe de
« *Requiem,* très bien chantée. Ils étaient trente, mal-
« gré la neige. Les pères de famille avaient eux-mêmes
« improvisé des traîneaux dans chaque direction.
« C'est gentil, n'est-ce pas ? Plus tard ils m'insulte-
« raient, piétineraient ma pauvre dépouille si je la
« leur laissais. Ainsi va le monde. *La vie est une foule*
« *où chacun tire à soi.* Ces réflexions me sont inspi-
« rées par une lettre de ***, qui est d'une imbécillité su-
« prème. « Souffrir, combattre, et toujours sourire[1]. »

---

[1] Allusion à une image qu'on avait choisie à Noël précédent

La Maréchale, oubliant son âge, ne se lassait point de combattre et d'agir.

Un décret, en date du 3 juillet 1884, avait réglementé en France la Société de secours aux Blessés militaires dite de la Croix-Rouge, qui était alors sous la présidence de Mᵍʳ le Duc de Nemours[1]. Une nouvelle impulsion avait été donnée à cette grande œuvre, à la suite d'une conférence internationale qui avait réuni à Genève les représentants des États de l'Europe et ceux de quelques États d'Asie et d'Amérique. Une exposition du matériel d'ambulances avait eu lieu ensuite à Grenoble, avec un plein succès.

La maréchale Randon, que son rang avait appelée, en avril 1883, à l'une des vice-présidences du comité central de dames établi à cette époque à Paris, dut accepter la présidence du comité qui devait se former à Grenoble. Elle hésita un instant pour le choix du local destiné aux réunions. Il lui semblait qu'une œuvre destinée au soulagement des blessés devait rester fidèle à son drapeau et s'abriter réellement sous la croix, ou sous l'épée, à l'évêché ou à la division militaire. Elle n'avait pas oublié l'ingrate hostilité de la municipalité grenobloise contre le maréchal Randon[2], mais elle se dit qu'il fallait attirer toutes les

pour la Maréchale qui voulait offrir un souvenir de ce genre à un religieux malade.

[1] La présidence du Conseil central appartient aujourd'hui à M. le maréchal de Mac-Mahon, duc de Magenta. Mᵍʳ le duc de Nemours a gardé la présidence d'honneur de la Société, dont les Ministres de la Guerre et de la Marine sont de droit présidents honoraires.

[2] Voir la note p. 47. A cette époque, d'ailleurs, la porte Randon

bonnes volontés dans cette œuvre, et que l'Hôtel de Ville serait un terrain de conciliation. Elle s'empressa de le demander et elle écrivait au mois d'août 1884.

« Vous serez invitée à faire partie du conseil dépar-
« temental de la Société française de secours aux bles-
« sés militaires de terre et de mer. Notre président
« a été heureux d'ajouter votre nom à sa liste. Nous
« aurons fort à faire à travailler le dévouement par
« l'esprit chrétien. Mon installation a lieu vendredi à
« l'Hôtel de Ville ; il me faut de l'abnégation, j'allais
« dire de l'audace, pour vouloir ce terrain et je pour-
« rais à bon droit faire la même réflexion que le doge
« de Venise. »

Beaucoup d'hommes sérieux redoutaient vivement l'extension d'une société rivale, dite « des Femmes de France ». Ainsi que l'avait écrit M. Maxime du Camp[1], la bannière de la Croix-Rouge de France était assez large pour abriter tous les dévouements, et là où l'esprit d'initiative suffit, l'esprit de particularisme est superflu. Une rivalité aurait de graves inconvénients en temps de guerre ; il fallait donc combattre l'association nouvelle au prix de tous les sacrifices. La maréchale Randon était de cet avis, sentant bien d'ailleurs, avec son jugement si fin, que « les Femmes « de France » étaient au fond hostiles à la religion catholique, et que les louables intentions qui ani-

n'était pas encore démolie, le Conseil municipal ayant été obligé de s'y reprendre à deux fois pour arriver à cette destruction.

[1] Maxime du Camp, de l'Académie française, *La Croix Rouge de France*, au siège central de la Société, Paris, rue Matignon, 19.

maient la plupart des membres de cette œuvre en
faveur de nos malheureux blessés pourraient devenir
un poison pour leurs âmes. « Défendez votre œuvre »,
s'écriait-elle, tyrannisée par cette pensée, en s'adressant à un saint religieux ; « et pour ranimer votre
« zèle rappelez-vous ce que disait dernièrement un
« député à un interlocuteur quelconque : — vous tenez
« encore la France, mais nous, nous avons pour nous
« *l'avenir féminin*. Au jour prochain, les femmes
« ne fréquenteront plus les confessionnaux, et alors
« nous deviendrons les maîtres de la situation. »
Son courage croissait avec les difficultés.

« Je suis en mission, s'écriait-elle, en mission pour
« la Société des blessés, un vrai Pierre l'Ermite, et
« je dis aussi, *Diex le volt*. Aurai-je le même succès?
« jusqu'ici je ne suis qu'une mouche du coche. »

Hélas, moins bien partagée que la mouche de la
fable, si sa pensée avait des ailes, son corps affaibli
sentait durement le poids des fatigues qu'elle suppor-
tait pour parvenir à rallier ses troupes... quand elle y
parvenait.

A la fin de 1885, lassée du mauvais vouloir qu'elle
rencontrait chez certains sectaires, membres obscurs
et remuants de la Société de secours aux blessés, dont
les chefs qui lui étaient dévoués ne pouvaient toujours
empêcher les agissements, elle songea à donner sa
démission de présidente du comité grenoblois.

« Chers blessés, ils me retrouveront à l'occasion...
« si j'y suis, — disait elle, — il y en aura toujours. »
Un peu plus tard elle écrivait : « Je ne suis pas très

« vaillante, ma verte vieillesse jaunit un peu ; venez
« donc me voir, ma bien chère, vous êtes souffrante,
« je vous soignerai, nous mettrons nos lits à portée
« de voix, nous avons tant à dire. La franc-maçon-
« nerie nous envahit, et l'inintelligence humaine bro-
« chant sur le tout, nous sommes perdus. Tâchons
« de rester personnellement fidèles. Notre Seigneur
« ne nous oblige pas à convertir ceux qu'Il laisse aller
« à la dérive. Nous faisons ce que nous pouvons. Le
« reste est son affaire. »

La Société de la Croix Rouge resta, malgré des
découragements passagers, l'objet de ses ardentes sollicitudes jusqu'à son dernier jour. Écrivant à un vieil
ami, elle lui disait :

« Et mes pauvres blessés, comprenez-vous la néces-
« sité, l'urgence de s'en occuper ? Mon Dieu que je
« voudrais vous convaincre. Y réussirai-je ? Dites-le
« moi franchement, sincèrement. Oui, je sais bien
« que, *qui trop embrasse, mal étreint !* mais peut-on
« se désintéresser d'une telle œuvre ? La situation est
« si tendue qu'une guerre est imminente. Placés
« comme nous le sommes sur la frontière, faut-il au
« moins que nous soyons prêts, dès que les pauvres
« blessés nous seront apportés ? »

« En présence de bruits de guerre menaçants, la
« réorganisation du comité de secours s'imposait à
« notre patriotisme, écrit Mme la vicomtesse de Venel[1].
« Madame la maréchale Randon fut l'inspiratrice de

[1] Rapport de Mme la vicomtesse de Venel, secrétaire du Comité
des Dames de Lyon.

« cette réorganisation, et sans se laisser arrêter par
« son âge déjà avancé et par les rigueurs de la saison,
« elle fit plusieurs voyages à Lyon pendant les hivers
« de 1886 et de 1887. »

Nous retrouvons à ce sujet dans la correspondance de la Maréchale avec ses fidèles amis les lignes qui suivent :

« J'ai trouvé plus de sens pratique et plus de res-
« sort à Lyon. Voilà les journaux catholiques qui se
« prononcent très nettement, et si je n'arrive pas à la
« reconstitution définitive et officielle du comité des
« dames, j'aurai du moins éclairé le monde catho-
« lique. Je n'ai aucune arrière-pensée politique dans
« l'œuvre des blessés militaires. Son président est un
« général français, voilà tout et c'est assez. Mon but
« est d'assurer, en cas de guerre, non seulement les
« secours matériels, mais les secours religieux à nos
« soldats et par conséquent de contrarier les visées
« de sociétés à la dévotion des francs-maçons et des
« juifs, ce qui est tout un. Ces gens-là savent qu'ils
« sont presque impuissants sur les femmes, que tant
« que les femmes iront à confesse, *ils ne feront qu'un*
« *mal incomplet*. Voilà pourquoi ils cherchent à
« grouper les femmes sous le prétexte de soins à
« donner aux victimes de la guerre et de nos désas-
« tres civils. Je n'en dors plus, ou j'en rêve. J'en
« perds le boire et le manger. Nous avons un grand
« devoir à remplir dans la mesure de nos petits mo-
« yens. Je vous écrirai le jour de la réunion, je vous
« supplie d'y assister. »

En 1887, la Maréchale, frappée d'un rapport du secrétaire du comité d'hommes du département de l'Isère, dans lequel le côté religieux de la Société de secours aux blessés était absolument passé sous silence, écrivit à son tour quelques pages adressées au comité des dames qu'elle présidait et par lui « au « monde qui donne, parce qu'il prie ».

« Quand on a fait appel à nos efforts, disait-elle, « et qu'on nous a demandé notre collaboration, j'aime « à croire qu'on nous a fait l'honneur de penser que « nous étions des femmes, des mères chrétiennes, et « qu'une de nos préoccupations à nous serait de savoir « quelles consolations seraient données à nos soldats « blessés et mourants. Cependant on ne parle pas du « service religieux dans le rapport de M. le docteur « B***, quoiqu'il soit absolument prévu dans nos règle- « ments, et que le ministre de la guerre, notre prési- « dent d'honneur, déclare qu'en temps de guerre les « aumôniers seront rétablis dans l'armée. On sem- « ble nous assimiler dans ce rapport à d'autres Socié- « tés de secours aux blessés, toutes étrangères à ce « sentiment religieux qui nous anime. C'est là une « confusion apparente qu'il importe de faire cesser « dans l'intérêt même du succès de notre œuvre qui « s'adresse dans les appels qu'elle fait à la charité « publique, surtout aux personnes que ne touchent « pas moins les besoins de l'âme que les souffrances « du corps. On nous dit, ajoute t-elle, que *tout* a été « prévu, que *tout* a été prodigué dans les envois faits « par les diverses Sociétés de secours aux blessés,

« tout, excepté le *Crucifix*, l'image du grand blessé,
« et aussi du grand médecin, du soutien, du conso-
« lateur de tous les blessés. Et ici se présente à la
« mémoire le mot d'Ambroise Paré, ce maître parmi
« les maîtres : *Je le pansai, Dieu le guérit.* Mais
« l'envoi des objets pieux est interdit par le règle-
« ment des Dames Françaises, et on veut se l'assi-
« miler. »

Après avoir remercié M. le Maire de Grenoble de
sa gracieuse hospitalité à l'Hôtel de Ville, la Maréchale terminait ainsi :

« Pour moi, Mesdames, j'ai cru de mon devoir
« comme votre présidente de protester contre des
« oublis qui pourraient compromettre notre œuvre.
« Il faut craindre de repousser les élans de la Cha-
« rité au profit très contestable de la Philanthropie. Je
« ne rougis pas de la Croix, symbole qui protégea
« les débuts de notre Société. Cette Société n'est pas
« l'œuvre d'un parti, elle est celle de tous et pour
« tous.

« Dieu d'abord et la Patrie toujours. »

Joignant l'exemple à la parole, la maréchale Randon
avait offert au conseil général de la Société de secours
aux blessés une ambulance de dix-huit lits, à Saint-
Ismier, en cas de guerre, avec un médecin, trois infir-
miers, trois brancardiers et un aumônier.

« Je sais les devoirs que m'impose le nom que je
« porte, » écrivait-elle au maréchal de Mac-Mahon, au
mois de février 1889, en réitérant cette offre, « et
« j'ai un désir passionné d'être utile à notre Société

« de secours militaires, à nos chers blessés de l'ave-
« nir ; mais vous tenez un trop grand compte de mes
« mérites, de l'efficacité de mon action dans le dépar-
« tement de l'Isère. Imaginez, Monsieur le Maréchal,
« qu'à l'heure présente on efface le nom de la porte
« sous laquelle votre Excellence est passée lorsque
« vous êtes venu rendre hommage à la dépouille
« mortelle de votre vieux compagnon d'armes, de
« celui qui vous conduisait à l'un de vos nombreux
« triomphes ; les Grenoblois démolissent la porte
« Randon [1]. Que voulez-vous que je fasse contre une
« pareille brutalité républicaine ? L'esprit de parti est
« le plus bête des esprits. Cependant, Monsieur le
« Maréchal, je prie votre Excellence de me croire dans
« l'Isère, comme partout, votre honorée et très dé-
« vouée collaboratrice dans la plus belle œuvre que
« je connaisse. »

Un autre jour, la Maréchale écrivait à un religieux
très influent dans sa province :

« J'ai été encore bien surmenée depuis ces derniers
« temps. Avez-vous pris en considération ma dernière
« épitre ? L'avez-vous bien comprise ? Je me heurte
« partout contre l'inertie, la confusion et autre chose
« encore. Personne ne veut comprendre que cette
« œuvre est éminemment catholique, puisque seule
« elle peut défendre nos ambulances de la laïcisation,
« à laquelle un cœur chrétien ne peut songer sans
« frémir — Mon Dieu ! — Il faut s'en occuper, ne

____

[1] Voir la note p. 47.

« pas la laisser entre les mains de carabins infidèles.
« Mais voyez donc ce qui serait arrivé l'autre semaine
« si l'on était parti en guerre. Nos hommes s'en
« allaient, munis de phénol et de quinine peut-être,
« tandis que les prêtres, les moines, les religieuses
« eussent levé leurs bras vers le Ciel, aucun poste ne
« leur étant attribué par des gens qui ne demandent
« qu'à s'en passer. »

Comme toute personne se donnant tout entière à
une œuvre, elle ne pouvait s'expliquer que les autres
ne l'imitassent pas. De là, des amertumes toujours
renouvelées. « Ah ! quelle prise offre à la souffrance
« l'homme qui se dévoue à une cause. Il souffre par
« ceux qui la représentent, par ceux qui la servent,
« par ceux qui la trahissent[1]. »

La maréchale Randon qui a beaucoup souffert a
reçu aujourd'hui, nous pouvons l'espérer, de la miséricorde de Dieu la récompense de ses efforts, et si ses
yeux accoutumés désormais aux lumières éternelles,
peuvent encore regarder les choses de la terre, ils
verront les comités qu'elle avait établis, honorer sa
mémoire et suivre sa chrétienne impulsion.

Cette impulsion ne s'était point cantonnée dans
une organisation d'ambulances, et d'autres blessures
avaient reçu de pieux secours.

Pour reconnaître les vertus et les services des com-
munautés religieuses de France, on les avait expul-
sées, non seulement contre toute justice, mais contre

---

[1] Marquis Costa de Beauregard, *Le roman d'un royaliste.*

toute humanité, sans s'inquiéter de ce que devien-
draient des vieillards, de jeunes novices sans fortune
et sans abri. Des cœurs généreux s'étaient réunis
pour secourir les nouveaux martyrs de leur foi et
avaient fondé l'œuvre du denier des expulsés. La
maréchale Randon en était la présidente pour toute la
région du Dauphiné et de la Savoie, et cette grande
œuvre avait pris, avec celle de la Société de secours
aux blessés, la première place dans son cœur. Elle leur
consacrait son temps, son crédit, sa vie même. Malgré
son âge, on la voyait par tous les temps, allant de
salons en salons, de couvents en couvents, réclamant
l'aumône des uns, le concours des autres, stimulant
le zèle des tièdes, les gourmandant au besoin. Puis,
de retour chez elle, au lieu de prendre un repos vaillamment gagné, elle se mettait à son énorme correspondance, restant, comme elle le disait elle-même :

« Ainsi qu'un vieux soldat toujours sur la brèche. »

Le succès de ces deux œuvres devint le tourment
de ses dernières années. Elle souffrait pour l'une
comme pour l'autre, car elle aurait voulu que ceux
qui y participaient avec elle fussent animés du zèle qui
la dévorait. Elle écrivait à un saint religieux qui l'aidait de ses conseils et de ses démarches :

« Je vais encore et toujours vous parler du denier
« des expulsés, je rêve au moment des retraites des
« religieux et des religieuses, de celles-ci surtout, d'en
« faire des apôtres de notre œuvre, dans leurs loca-
« lités respectives. Souvenons-nous que les grosses
« sommes ne peuvent venir que par les petites, et

« que nous serions riches si nous avions seulement
« cinq francs par paroisse, mais il faut armer les qué-
« teuses et leur donner des moyens de persuasion. »

Dans une autre lettre à son dévoué collaborateur,
elle lui disait :

« Ne pourriez-vous donc faire comprendre à nos
« auxiliaires la largeur, la hauteur, la grandeur,
« l'ampleur de cette légende pleine de promesses :
« *Les grosses sommes ne peuvent venir que par les
« petites*. Mon Dieu, on n'y songera jamais trop. »

A propos de deux ou trois personnes d'esprit fort
étroit qui entravaient, sans le vouloir peut-être, les
ardeurs de son zèle, elle ajoutait : « J'étouffe ma souf-
« france par cette panacée qui devrait être universelle.
« Qu'est-ce que tout cela, aux pieds de Notre-Sei-
« gneur ? » Puis, son impétuosité naturelle reprenant
le dessus : « Je ne comprends pas, s'écriait-elle, l'iner-
« tie, la somnolence de ces gens, quand MOI, j'offre de
« prendre et je prends toutes les responsabilités. »

Malheureusement l'autorité, qu'elle soit morale ou
matérielle, est une des choses les plus contestées de
ce siècle qui en conteste beaucoup, et celle de la
Maréchale ne pouvait réussir à galvaniser l'inertie
dont elle se plaignait si fort et si souvent.

La société veut vivre dans la plus complète égalité
civile. Elle y tient plus qu'à tout le reste, et cet esprit
est devenu le grand dissolvant de tous les liens so-
ciaux, car il détruit peu à peu l'autorité quelle que
soit sa forme. Ce qui manque surtout à notre temps,
a dit Mme de Staël, c'est le respect.

La maréchale Randon n'était pas de ce temps. Elle avait un profond respect pour tout ce qui était respectable. C'est pourquoi tout en étant absolument simple avec ses inférieurs, elle exigeait les égards de ses pairs. Elle savait tenir son rang de Dieu, et elle voulait non seulement lui en rendre hommage, mais aussi en faire remonter l'honneur à celui qui avait donné un si vif éclat à un nom qu'elle portait noblement elle-même. Lui manquer à elle, c'était lui manquer à *lui*, le cher, l'illustre absent, et cela elle ne pouvait le supporter.

Ce sentiment lui faisait répondre fièrement un jour à une lâche et insidieuse attaque sur son goût pour l'importance.

« Comme si de l'importance, je n'en avais pas par« tout et toujours plus que je n'en puis souhaiter. »

En lisant cette phrase altière, on pourrait se faire une fausse idée de la maréchale Randon et renouveler une fois de plus les accusations passionnées de ses détracteurs « si cruels pour tout ce qui les dépasse ».

Sa grande rectitude de jugement, son esprit d'analyse très lucide et très clairvoyant, la droiture incontestable de son caractère, tout lui donnait une exacte connaissance de sa valeur personnelle et de sa haute situation. Elle détestait la fausse modestie vaniteuse, ce qu'elle appelait « l'humilité à crochets, » et elle disait un jour à un confident de sa vie intime : « Ne « vous y trompez pas, je juge de votre indulgence aux « éloges que vous m'accordez, mais si je ne suis ni « vaniteuse, ni jalouse, je suis orgueilleuse, j'ai déjà

« dû vous le dire. Je crois savoir ce que je vaux, ce
« que je puis, ce que je suis, et il ne faudrait pas
« encourager cette foi en moi-même, *car l'humilité,*
« *c'est la vérité...* C'est chose très douce, très conso-
« lante, que les affections de la terre ; elles soutien-
« nent dans les chemins de la vie, dans ses ténèbres
« épaisses, dans ses dégoûts, dans ses révoltes ; mais
« il ne faut pourtant pas perdre de vue, avec notre
« petitesse, les chemins du ciel. »

Certes non, elle ne les perdait pas de vue ces chemins, la grande chrétienne qui mettait son humilité
sous la garde des plus austères mortifications[1], et
cherchait à voir clair dans son âme, à la cultiver, à
l'émonder avec la loyale ardeur qu'elle mettait à toutes
choses.

Un jour, parlant intimement à une jeune femme
qu'elle honorait de sa confiance, elle lui demanda ce
qu'elle pensait d'un acte d'humilité véritablement
pénible pour la nature, sans lui dire, tout d'abord,

---

[1] Le monde ne s'en doutait guère, dit une des mères les plus
vénérées parmi les religieuses du Sacré-Cœur. Cependant elle faisait de la pratique de cette vertu la sauvegarde de sa force morale
et la base de son courage. A l'heure où les épreuves accablèrent
son grand cœur, elle vivait dans le *sursum corda*. Je la crois aujourd'hui dans la lumière de Dieu.

Une autre religieuse, non moins bien placée pour connaître la
maréchale Randon, écrivait dernièrement : « Je l'ai toujours trou-
« vée une grande chrétienne, plaçant avant tout les droits de Dieu
« et son règne sur la terre. Malgré les formes autoritaires qu'elle
« avait conservées de son ancienne situation, elle avait un grand
« fond de bonté et de délicatesse de cœur, qui ne furent pas tou-
« jours comprises, et l'on voyait qu'elle souffrait de certains pro-
« cédés qu'elle savait d'ailleurs supporter avec courage et dignité. »

quel en était l'auteur. Son interlocutrice, peu accoutumée aux voies spirituelles, lui répondit étourdiment :
— « Moi, je pense que c'est une dinde ». — Et la Maréchale ravie :

— « Ma bien chère, la dinde, c'est moi ! »

Les personnes auxquelles elle témoignait une confiance sans limites n'étaient pas une légion, mais avec quelle sécurité elle leur ouvrait les replis de son noble cœur ! Elle ne redoutait pas qu'on lui dît la vérité, voire même, selon l'expression populaire, « ses vérités ». Elle ne les acceptait pas toujours sans résistance à l'heure même, mais il se faisait dans son âme sincère un travail intérieur si intense, qu'aux derniers jours de sa vieillesse surtout, elle croyait avoir trouvé elle-même la lumière, et elle l'acceptait avec toutes ses conséquences, si importunes qu'elles eussent pu paraître à un esprit moins résolûment chrétien.

Sa piété était éclairée, large, virile comme son caractère. Elle comprenait mieux, peut-être, les enseignements austères de la foi que les doux encouragements de l'amour, et tout en respectant la floraison des petites pratiques pieuses, elle invoquait particulièrement la Très Sainte Trinité, l'Esprit sanctificateur, elle s'unissait à son Dieu dans une communion presque journalière, et elle allait « droit son chemin ».

La rigidité de ses principes lui donnait, en matière d'honneur, des idées absolues. Elle ne le comprenait pas seulement pour l'homme, elle le voulait de même pour la femme. « Oui, disait-elle souvent, l'honneur « d'une femme vaut celui d'un homme ; le mensonge,

« les dettes, l'ingratitude, les anonymes sont autant
« de faillites à l'honneur. »

Elle flétrissait ces défauts, aussi rigoureusement
chez les uns que chez les autres. « L'honneur ne com-
« prend pas seulement l'observance du sixième com-
« mandement, et les cheveux blancs n'autorisent pas
« un manque de parole, car c'est toujours une lâcheté.

« C'est un bienfait de conserver l'illusion », s'écriait-
elle un jour où elle avait à se plaindre de la félonie
d'une personne qu'elle croyait digne d'estime. « On ne
« découvre pas un lâche sans qu'il en coûte à tout ce
« qui se sent d'honneur et de vaillance... Mon courage
« n'est pas ébranlé, mais mon cœur souffre à en
« mourir. »

Une autre fois, ayant constaté une ingratitude, dont
on ne lui épargnait guère les manifestations, elle
écrit :

« Oui, je suis gravement offensée par ces gens qui
« apprennent à d'autres le mépris de l'âge, du rang,
« et, j'ajouterai tout bas, des bienfaits reçus, dès que
« ceux-ci ne sont plus nécessaires. » Et, après quelques réflexions douloureuses, elle poursuit... « Je
« souffre beaucoup, je souffre affreusement, comme
« si les déceptions devaient encore me surprendre.
« Eh, mon Dieu ! elles ne me surprennent plus, mais
« elles déchirent quand même et toujours. »

Son âme se réfugiait aux pieds du divin Sauveur,
qu'aucune faute n'entacha jamais, qui ne se laissa
jamais effleurer par aucune dégradation, et qui fut
méconnu, insulté, mis à mort par ceux-là mêmes qui

l'ayant « vu venir chez Lui, ne l'avaient point reçu ».
Réconfortée, elle se relevait, prête à subir de nouvelles
épreuves.

« ... Je me dis qu'après tout, Notre-Seigneur m'a
« beaucoup comblée de grâces, et qu'il ne faut pas que
« j'arrive près de lui avec le seul bagage de mon bon-
« heur passé. »

VI

Le fardeau de la vie pesait chaque jour plus lourdement sur les épaules de la maréchale Randon, dont le ferme caractère n'était pas à l'abri des faiblesses et des découragements féminins, et les pensées mélancoliques se pressaient davantage sous sa plume.

On venait de lui faire une petite opération plus délicate que douloureuse au visage. « Je vais un peu « mieux sans être bien, disait-elle. Il faut commencer « à mourir ; on y met plus ou moins de temps, la « grande question est de bien mourir.....

« J'ai compris dans ces jours de détresse combien « nous sommes tous entre les mains de Dieu. Nous « portons en nous les germes de notre mort et nous « sommes tous surpris par elle, alors même que nous « croyons l'envisager froidement, ou plutôt tranquil« lement en la miséricorde de Dieu. J'ai eu peur, « ajoute-t-elle avec simplicité. »

Cette chrétienne qui avait tous les courages, ne se cache pas d'avoir eu peur, non de la mort, mais d'une souffrance physique et surtout des jugements de Dieu sur son âme. Quelle leçon pour ceux qui n'y pensent jamais ! Quelque temps après, se sentant de nouveau souffrante, elle écrivait à un saint religieux : « Voici « donc le commencement de la fin !... J'aurai cer-

« tainement encore des jours mauvais ; mais ils seront
« courts s'il plait à Dieu et j'entrevois le moment où
« je pourrai lui dire : « Je vous ai glorifié sur la
« terre, et l'œuvre dont vous m'aviez chargée est
« accomplie ! » Cette pensée m'émeut ! J'avais besoin
« de vous la dire. Pardonnez-moi. »

La Maréchale, complètement rétablie, écrivait à
une amie, frappée dans ses dernières espérances de
bonheur, et lui rappelait ses propres tristesses : « Je
« connais plus et mieux que personne la solitude du
« cœur ; je crois qu'un peu plus tôt ou un peu plus
« tard, il faut accepter ce vide desséchant. Vous
« m'entendrez dire un jour peut-être avec effroi : Il
« vaut mieux perdre ses illusions que de les garder
« trop longtemps. Vous savez :

> « En cette vie, hélas ! rien n'est constant et sûr ;
> « Le ver se glisse au fruit, dès que le fruit est mûr ;
> « L'amitié se corrompt ; tout est rêve et chimère ;
> « On n'a pour vrais amis que son père et sa mère,
> « Son mari, ses enfants, et Dieu par dessus tout.
> « Quant à ces autres biens qu'on estime si doux,
> « S'entr'aider, se chérir, croire à des cœurs fidèles
> « Voir en des yeux amis briller des étincelles,
> « Ce sont de faux semblants auxquels je n'ai plus foi ;
> « La vie est une foule où chacun tire à soi. [1]

« Et bien oui, ma chère amie, c'est comme cela,
« Remettons donc tout à Jésus. Il sait tirer le bien du
« mal. Je vous parle en connaissance de cause. Je

---

[1] La Maréchale, dont la mémoire était merveilleuse, citait souvent ces vers de Sainte-Beuve. On retrouve le dernier « La vie est une foule, etc. » dans un certain nombre de ses lettres.

« sais ce que notre pauvre nature souffre de ces
« délaissements immérités, des dévouements mécon-
« nus, des sacrifices ignorés. Nous devons nous dire
« le plus souvent possible qu'ils sont la monnaie du
« Ciel et tâcher de tirer de notre âme ce cri simple,
« vrai autant que possible. — Mon Dieu, détachez-
« moi et attachez-moi. A Dieu, ma chère et pauvre
« amie, j'ai un brouillard sur les yeux, quoique —
« ou parce que... Encore à Dieu. »

Quelques jours après elle écrivait à la même :

« Ma bien chère, je crois que le mieux que nous
« ayons à faire toutes les deux est de jeter à la mer
« toutes nos amertumes, toutes nos tristesses, les
« offrant simplement et en vérité à Notre Seigneur,
« nous pénétrant de cette pensée qu'il Lui faut des
« victimes expiatoires et qu'Il ne les choisit pas
« parmi les coupables et les indignes d'être associées à
« ses propres souffrances. — C'est donc un grand
« honneur qu'Il nous fait, en nous demandant le sang
« de notre cœur, et si nous avons la foi, la foi pra-
« tique, que d'actions de grâces nous lui rendrions et
« nous nous réjouirions en Lui. »

Noël étant revenu, elle écrit encore :

« Je suis allée seule à la messe de minuit. Quand
« je dis seule c'était avec votre souvenir bien présent.
« Ainsi les années se succèdent et l'horizon de la vie
« va toujours s'assombrissant. Qu'on le veuille ou
« qu'on ne le veuille pas, c'est en pleurant qu'on
« regarde en arrière.

« J'ai un instant, avant de fermer ma lettre, je

« reçois la vôtre, et je fonds en larmes. Ah ! oui,
« remettons tout à Dieu. Nous n'avons droit à rien,...
« rien... Ces pensées ne quitteront plus le livre
« aimé [1]. »

Amie admirable, la Maréchale savait l'être sans se
préoccuper de sa santé ou de ses intérêts, sans se
demander si l'opinion publique ratifiait son jugement ;
aussi pouvait-elle redire les paroles de Pierre au
Divin Sauveur dans le jardin des Oliviers : « Etiamsi
« omnes ego sum — Quand bien même tous les autres,
« moi, non ! Il faut bien vous imaginer », ajoutait-
elle un jour à de précieux témoignages de sa tendre
compassion pour une personne alors méconnue, « que
« rien au monde ne m'empêchera de vous donner,
« dans la mesure où je pourrai le faire, tous les témoi-

[1] On venait de lire et on avait envoyé à la Maréchale quelques
lignes d'un écrivain genevois, rarement aussi bien inspiré. On les
retrouva en effet, après sa mort, dans son livre habituel de médi-
tations.

« La vie, dit Frédéric Auriel, est l'apprentissage du renonce-
ment progressif, de la réduction continuelle de nos prétentions,
de nos espérances, de notre force, de notre liberté. Fortune, gloire,
amour, santé, longue vie, tous les biens qu'ont possédés d'autres
hommes, semblent d'abord promis et accessibles, et puis il faut
souffler sur ce rêve, diminuer successivement son personnage, se
faire humble, se sentir borné, faible, dépendant, ignorant, dé-
pouillé, et s'en remettre à Dieu de tout, car on n'avait droit à rien,
et on est mauvais. C'est dans ce néant qu'on trouve quelque vie,
parce que l'étincelle divine est là, tout au fond. On se risque. Et,
dans l'amour croyant, on reconquiert sa vraie grandeur.

« On se distrait, on se disperse, on détourne les yeux de la *via
dolorosa*. Et il faut toujours y revenir... Mâle résignation, c'est la
devise des maîtres de la vie, c'est la sagesse des fils de la terre,
c'est la sérénité possible dans cette vie de luttes et de combats ;
c'est la paix du martyre et la promesse du triomphe. »

« gnages de ma sympathie, et que jamais je ne
« laisserai retomber le moindre tort sur vous, si ce
« n'est celui d'avoir été trop bonne et trop généreuse.
« Laissez donc tout cela. Dites une fois, une bonne
« fois : « Mon Dieu, détachez-moi et attachez-moi. »
« C'est une industrie dont j'ai fait longtemps usage et
« je me trouve bien de ma station entre ciel et terre. »

A une amie, attristée par une cruelle épreuve, elle
disait :

« Chère amie, moins je vous ai écrit, plus j'ai
« pensé à vous, plus je vous ai suivie dans votre exil
« avec une sollicitude affectueuse, tendre, dévouée ;
« vous savez ce que veut dire ce mot sur mes lèvres,
« je voudrais vous servir, je voudrais alléger le poids
« de tant d'amères douleurs. »

Un mois après, elle écrivait encore à la même :

« Chère amie, vous devez me croire morte plutôt
« qu'oublieuse, ce n'est ni l'un ni l'autre (l'un arri-
« vera plus tôt que l'autre), mais je reviens du bout du
« monde, j'ai laissé pendant un mois ma bronchite,
« mes voisins, mes vignes, mon curé, mes frères,
« mes sœurs, Grenoble, etc., etc., et je suis allée
« jusqu'en Artois..... Hélas ! elles sont nombreuses
« les heures que vous avez passées dans la douleur
« la plus amère, mais vous n'avez perdu qu'un ingrat.
« On ne compte pas les amis de Jésus qui se retour-
« nent contre Lui. Ne fallait-il pas qu'Il souffrît, afin
« d'entrer dans sa gloire. — Ma pauvre Domitille[1] est

---

[1] Mme Domitille de L***, religieuse du Sacré-Cœur, parente du
maréchal Randon et très dévouée à la Maréchale.

« morte le jour de l'Ascension, sans le savoir, mais
« le voulant toujours. Elle avait tant aimé son bon
« Maître, et elle aussi avait tant souffert. — Et moi,
« je survis à tous ceux que j'ai connus, avec une
« désespérante ténacité. »

Dans une lettre à un saint religieux, qui était en
même temps pour la Maréchale un père par le savoir,
par la vertu, par la souffrance, et un fils d'adoption,
nous lisons ces mots d'une grâce charmante :

« J'ai eu quatre-vingts ans, le 26 mars. Aimez-moi
« donc tant que vous voudrez ou plutôt tant que vous
« pourrez, car Mme Swetchine affirme que les vieilles
« femmes n'ont plus de place au doux soleil de la
« bienveillance, pas même à celle de leur confesseur,
« parce qu'elles sont choses acquises au bon Dieu. »

Sa profonde piété lui donnant quelque inquiétude
sur le charme qu'elle trouvait dans ce doux échange
de pensées entre deux saintes âmes, elle écrit au
même :

« J'ai lu et médité ce chapitre de l'Imitation : *De
« l'amitié familière avec Jésus*. Ne désirez pas que
« personne s'occupe de vous dans son cœur. »

Et cependant, quelques jours plus tard, sachant cet
ami malade, au cœur de l'hiver, elle lui écrivait, quoique souffrante elle-même :

« Au moindre appel j'irai à vous, n'importe où,
« n'importe comment.... Il y a déjà trois jours que
« vous avez dit : je suis mieux. Trois jours... un
« siècle. »

Comme le pauvre infirme voulait lui épargner la

tristesse de le revoir, si différent de lui-même, elle lui répondait :

« Vous parlez de changement. Que diriez-vous de
« celui de votre vieille mère ? Elle a cent ans. »

Le même religieux lui avait fait part un jour d'une de ces défaillances morales qui atteignent passagèrement les cœurs les plus fermes. Elle lui répond :

« Non, non, pas de découragement, ce serait un
« amoindrissement de vous-même, plutôt la lutte, tou-
« jours la lutte. Néanmoins, que de souffrances, mon
« pauvre enfant, j'en ai l'âme à l'envers, de cela et de
« beaucoup d'autres choses. Il n'y a plus nulle part
« ni droiture, ni désintéressement, ni élévation. Le
« désordre est partout, dans tous les cœurs ; on ne
« respecte pas le prochain, soit, mais ce qui est plus
« grave, c'est qu'on ne se respecte pas soi-même. On
« n'a même plus l'esprit des bons sentiments. On est
« audacieusement mauvais, méchant, vil et bas. »

Mais bientôt arrive cette réflexion empreinte d'une philosophie si chrétienne :

« J'allais gémir. Qu'importent les lâchetés, les
« injustices, si l'âme demeure forte et vaillante devant
« les hommes, vraie, lumineuse devant Dieu. »

Ce sujet lui était douloureux, elle poursuit tristement :

« Nous ne sommes pas de notre temps, et nous
« devrions être blasés sur les égratignures de gens
« qui ne nous valent pas. — Pour moi, je commence
« à m'endormir dans le cœur de notre Maître — je
« souffre moins — je ne sens presque rien des petites

« vilenies qu'on coudoie chaque jour, si ce n'est que
« j'ai la triste satisfaction de voir le mal là où il
« est. »

Cette triste clairvoyance pour une âme qui n'avait
jamais de compromission avec elle-même, n'est-elle
pas tout un poème de souffrances?

A une jeune femme, sollicitée d'abandonner le toit
de ses enfants, la Maréchale écrivait :

« Chère Madame, j'espère que ma lettre croisera
« vos pas, et que vous reviendrez chez vous, dans
« cette bonne vieille demeure, si pleine de souvenirs,
« ce serait un rayon de soleil dans un intérieur attristé,
« on vous le devrait. N'est-ce rien de faire des heu-
« reux? Si votre santé vous interdit un séjour pro-
« longé à ***, soit, mais venez-y passer trois mois,
« deux mois — votre devoir sera rempli... Dût-il
« être difficile, vous ne sauriez le méconnaître. Vous
« voudriez aliéner ***, abandonner à la spéculation le
« berceau de vos enfants, le séjour aimé de leur
« petite enfance, les premiers objets qui ont frappé
« leurs regards, vous exiler pour toujours, abandon-
« nant une tombe chérie, clore une série de souvenirs
« qui appartiennent sous votre nom au pays, à la
« France. Vous ne ferez pas cela, c'est impossible...

« J'ai fini, à Dieu, chère Madame, je vous livre à
« Lui, qu'Il supplée à mon incapacité de vous con-
« vaincre, qu'Il vous défende des résolutions passion-
« nées, qu'Il protège vos enfants — et ne vendez
« jamais ces vieilles murailles qu'ils aimeront d'autant
« plus qu'elles auront été délaissées. Croyez-moi donc.

« C'est par la terre que nous sommes citoyens du
« Ciel. Il faut avoir un pays ! voulez-vous donc que
« vos enfants n'en aient pas. — Allons, j'allais encore
« vous prêcher, adieu, à Dieu. »

La Maréchale écrivait, en 1888, à un compatriote
qui était presque un ami d'enfance :

« Comment ai-je pu, cher Monsieur, laisser votre
« bonne lettre si longtemps sans réponse, alors que
« votre souvenir m'a été au cœur, comme toujours,
« comme autrefois, comme... il y a un demi-siècle
« et plus ?? C'est que le temps passe dans un creux de
« rocher ; il passe à Paris, il passe en France, dans
« le monde entier, à faire ce qu'on voudrait le moins ;
« et puis les absences, et puis les souffrances... j'ai
« les rhumatismes de mes vieux ans, et de mes cam-
« pagnes ! mais soyez sûr, mon vieil ami, que si ma
« plume était muette, ma pensée n'allait que plus
« souvent vous chercher.....

« Avez-vous eu connaissance, il y a quelques an-
« nées, d'une publication qui m'a fort intéressée ? Ce
« sont des lettres traduites par Taine ; des lettres
« d'une Anglaise, qui s'est trouvée internée en France
« pendant la Révolution, et qui y a passé de très mau-
« vais jours, d'Arras à Amiens, à Péronne, à Montdidier.
« C'est intitulé : *Un Séjour en France en 1793.* C'est
« très curieux, et si vous ne connaissez pas ce petit
« ouvrage, procurez-vous le plaisir de l'étudier ; vous
« me direz ensuite quelle est la famille dont elle parle
« le plus, et qui a été pour elle une consolation, pres-
« que un appui, bien que traquée et persécutée aussi.

« Pendant ce temps de toutes les horreurs, mon
« grand-père maternel, procureur du Roi au Tribunal
« d'Arras, était jeté en prison, sa maison mise sous
« le séquestre, et ses enfants jetés à la rue, parce que
« après la déposition du Roi, mon grand-père, ren-
« trant au tribunal, y rapportait sa commission, ajou-
« tant qu'il n'était plus rien, puisque le Roi « son
« maître » était lui-même dépossédé. Mon père fut
« enfermé, sous Joseph Lebon, comme aristocrate,
« sinon par droit de naissance, au moins par droit
« d'honnêteté et de dévouement aux bonnes causes.
« Mais nous voilà bien loin de la Dame de « *Séjour*
« *en France* » comme espionne de l'Angleterre, je
« l'imagine ; ce qui expliquerait sa présence, son in-
« carcération, et aussi l'espèce de tolérance à laquelle
« elle dut la vie. Qu'en pensez-vous ?

« A Dieu, mon cher Monsieur, je voudrais vous
« dire au revoir l'année prochaine ; à notre âge, c'est
« un peu téméraire. Arrangeons-nous donc pour
« attendre sans trop de trouble le moment du départ,
« et pour répondre à l'appel par ce mot de soumission
« et de confiance : *présent*.

« Tous mes compliments, ils sont très affectueux
« et très sincères. »

Au milieu de ses préoccupations diverses, la maréchale Randon, qui fut toujours très sensible aux beau-
tés de la nature, ne se lassait point d'admirer et de faire
admirer à ses hôtes et à ses amis le magnifique pay-
sage de Saint-Ismier. Son âge avancé n'avait point
refroidi ses enthousiasmes et paralysé sa plume alerte.

Elle écrivait à une de ses parentes :

« Que pensez-vous de moi, chère comtesse, de moi
« qui n'ai pas encore répondu à votre aimable et
« fidèle souvenir. Pardonnez-moi en bonne chrétienne,
« et que le bon Dieu vous bénisse en cette triste année
« commencée sans espoir. Entre les bourgeois fai-
« néants et nos princes, je nous vois destinés au plus
« douloureux sort. — J'irai pourtant partager le vôtre,
« le mois prochain. Je vous rejoindrai dans cette
« grande ville qu'on revoit et que l'on quitte toujours
« avec plaisir. Vous n'avez pas d'idée combien la cam-
« pagne est belle en ce moment. C'est vraiment l'hiver
« qu'il y faut venir. Et puis, nous avons des aurores
« boréales, ainsi nommées parce qu'elles se produisent
« au midi ; c'est une variété qui embarrasse un peu
« les savants. »

« Chère Marie », disait-elle l'année suivante à la
même : « où fuir, où me cacher, je suis une pares-
« seuse, c'est bien certain, ce n'est que trop certain,
« mais je suis cependant fort occupée, et j'ai une
« peine extrème à mettre en rapport mes tendances
« et mes occupations. De plus, j'ai très froid, la plume
« gèle entre mes doigts, et alors, je suspends ma prose
« pour me livrer à l'admiration de mes montagnes.
« C'est beau, c'est beau ! — Saint-Ismier est magni-
« fique en ce moment. La neige, une neige épaisse,
« immaculée, produit des effets inimaginables sur les
« grands sapins voisins de la maison et sur les marron-
« niers qui étendent leurs bras couverts d'un linceul.
« C'est une parure toute opportuniste, car c'est aujour-

« d'hui l'anniversaire de l'affreux déchirement qui s'est
« produit dans mon existence. .

« Que ferez-vous en cette année du Seigneur ? et
« que ferons-nous tous, alors que des points noirs se
« montrent à l'horizon — je m'occupe plus que jamais
« de mes futures ambulances, et je trouve moins de
« résistance parmi les radicaux. »

Toujours infatigable, malgré ses tristesses et ses
lassitudes, la maréchale Randon avait entrepris, en
1888, bien peu d'années avant sa fin, la traduction d'un
livre anglais qui l'intéressait fort. Elle apportait à ce
travail la scrupuleuse exactitude qu'elle mettait à toutes choses; et y passait de longues heures. Elle écrivait, en janvier 1889, à son aimable parente :

« Ma chère Marie, j'ai reçu de vos nouvelles avec
« le plus grand plaisir, j'aurais encore préféré votre
« présence au retour de votre si long voyage. L'idée
« m'est venue souvent que nous passerions ici de
« bonnes soirées au coin d'un bon feu, si, votre plume
« à la main, vous veniez m'aider à mettre debout la
« traduction d'un livre anglais, que je fais pour être
« vendue au profit d'un petit orphelin de la famille
« de Bayart, le chevalier sans peur et sans reproches.
« Il serait encore temps de m'accorder votre collabo-
« ration. Arrachez-vous donc aux douceurs d'une
« journée d'élections dont le brav' général sera le héros
« pacifique ; d'ici nous applaudirons, sinon à son triom-
« phe, au moins à la défaite du Gouvernement que le
« Ciel en sa fureur nous envoya.

« Je compte passer le mois d'avril à Paris. Au

« revoir donc, ma chère Marie, je vous suis très atta-
« chée ; venez, venez. »

Nous ne nous lasserions point de citer, ne nous lassant
point de relire quelques-unes des innombrables lettres,
semées chaque jour par une plume restée jeune et
bien vivante. Nous n'avons pu en reproduire que quelques extraits. Ce sont forcément les moins intimes.
Nous espérons, néanmoins, qu'on y retrouvera la
maréchale Randon telle que ses amis l'ont connue.

On nous pardonnera encore deux citations qui appartiennent à l'histoire. Elles montrent ce qu'était la Française et l'épouse, lorsqu'on touchait à l'honneur du
Maréchal.

Elle était encore gardienne de son cercueil, à Genève,
lorsque, voulant réunir des matériaux à l'appui des
Mémoires qu'elle fit paraître quatre ans plus tard, elle
commença ses démarches auprès de quelques hommes considérables, mêlés aux affaires de ce temps, et
dont le témoignage ne pourrait être suspecté. Voici
un fragment d'une longue et admirable lettre à M. de
Kératry :

« Sous les auspices du nom que je porte et qui
« appartient à la France, il m'a semblé que je pou-
« vais vous demander de jeter une lumière décisive
« dans mon esprit, sur une intrigue qui a essayé de
« ternir ce nom qui, en dépit d'elle, demeurera ma
« gloire et l'objet constant de mon culte.

« L'appui moral à donner par la France à l'Autriche
« et une démonstration armée sur la frontière rhé-
« nane avaient été vainement réclamés de l'Empe-

7

« reur par deux de ses ministres. Il s'y était refusé,
« avec cette force d'inertie qui fut sa vraie puissance.
« Sadowa survint. — Nous y fûmes déjà battus. La
« France ne s'y trompa pas, et l'entourage officiel,
« pour excuser une faute énorme, n'eut d'autre res-
« source que de revenir en arrière ; on n'était pas
« prêt, disait-on, pour faire la guerre.

« Ces bruits se répètent à diverses époques, selon
« les besoins de la cause. Le désastre de Sedan, par
« exemple, a été attribué, dans certaine province très
« impérialiste, à cette prétendue trahison, et aujour-
« d'hui, je pressens des agissements analogues qui,
« pour être moins grossiers, n'en seront que plus
« perfides.

« Je vous avoue, Monsieur le Préfet, que je me
« révolte à la pensée qu'une mémoire qui m'est si
« justement chère, ferait encore les frais d'une réha-
« bilitation insensée. Je ne puis maintenant laisser
« ainsi s'égarer l'opinion. C'est vrai, je suis seule
« pour une grande tâche ; j'en sens le poids et le
« danger. Il faut que je marche sûrement pour ne pas
« succomber dans une voie où la bassesse des moyens
« l'emporte le plus souvent sur la vérité. Vous com-
« prenez pourquoi je vous demande instamment les
« renseignements que vous pouvez avoir sur cette
« affaire, et dont je ne ferai usage, *je vous l'atteste*,
« que dans la mesure que vous voudrez bien m'indi-
« quer.

« Gentilhomme et Français, j'espère que vous vou-
« drez m'aider, dans l'intérêt de la vérité et de notre

« honneur national. Alors que tant de caractères sont
« avilis, faut-il laisser confondre avec eux celui qui,
« entre tous, méritait le respect ? »

La maréchale Randon veillait, sentinelle attentive,
sur les livres, les revues, les journaux qui pouvaient
contenir une ligne, un mot sur le Maréchal, pour
dénaturer sa conduite au profit d'une politique impré-
voyante ou passionnée, et elle faisait de cette tâche,
toujours difficile, souvent douloureuse, le plus cher
de ses devoirs.

En 1888, sa vigilance ne s'étant point démentie,
elle sut qu'un écrivain, dont l'honorabilité est au-
dessus de tout soupçon, s'était fait, dans un journal,
l'écho des mêmes accusations à propos de Sadowa.
Elle avait cru ces misérables racontars à tout jamais
finis. Elle écrivit lettres sur lettres aux anciens aides
de camp du maréchal Randon, qui lui étaient restés
tout dévoués : « Cher baron, disait-elle à l'un d'eux,
« je ne reçois plus rien de vous, je suis sur des
« charbons !!! Vous êtes-vous procuré le *Moniteur*
« du 13 mai. Il paraît que la chose est beaucoup plus
« sérieuse et grave que je ne l'avais pensé. On met
« dans la bouche de M. Drouin de L'Huys des propos
« qu'il n'a certainement pas tenus et qui, venant de
« lui, ont une grande autorité. Je suis parfaitement
« résolue à défendre moi-même *la vérité d'abord* et
« la mémoire du Maréchal ensuite, selon que vous
« en jugerez avec M. R*** que je *vous supplie* de voir
« le plus tôt possible. Peut-être l'occasion se présente-
« t-elle d'en finir avec cette vieille rengaine dont les

« amis du prince Napoléon jouent trop souvent jus-
« qu'à l'abus, jusqu'à la lâcheté.

« Si je dois prendre la plume, je suis résolue à pro-
« fiter (lâchement aussi, s'il le faut) du privilège des
« femmes qui peuvent tout dire *sans péril !* mes
« cheveux blancs me mettent à l'abri des armes dont
« se servent certains ..... de la presse, et d'ailleurs,
« rien ne saurait m'arrêter. Je veux mordre jusqu'au
« sang pour en finir. »

Quelques jours plus tard, la Maréchale recevait,
avec une très courtoise lettre de l'auteur de l'article,
une promesse de rectification de la rédaction du journal. Cette rectification fut insérée par les soins de
M. Valfrey, que nous croyons pouvoir nommer ici, et
qui était bien placé en 1867 pour savoir la vérité,
étant alors attaché au cabinet du Ministre des Affaires
Étrangères. Néanmoins, comme il fallait « en finir »,
le colonel de l'Église, l'un des derniers aides de camp
du maréchal Randon, fit paraître dans le *Correspondant* (juillet 1888), un article intitulé : « *A propos
de Sadowa, Une question de responsabilités* », qui a
victorieusement terminé toute polémique sur ce triste
sujet.

Moins de deux ans après, une biographie dont la
maréchale Randon avait depuis longtemps sollicité et
encouragé la publication [1], était venue satisfaire son

---

[1] *Le maréchal Randon, d'après ses mémoires et des documents
inédits, Étude militaire et politique,* par A. Rastoul, 1 vol. in-8°,
Paris, Didot, 1890. La Maréchale avait passionnément désiré ce
livre et avait fourni de nombreux documents à son auteur. Elle

cœur en mettant dans une pleine lumière les services administratifs et militaires du maréchal Randon.
Cela encore ne lui suffisant pas, elle voulut, avant
de laisser la terre, élever elle-même à la chère mémoire de son époux un dernier monument de son
admirable tendresse et elle terminait son œuvre, à
quatre-vingts ans, en révélant l'action de Dieu dans
« *la conversion d'un Maréchal de France* » ; « je
« raconte la vérité, les vérités, écrit-elle à un fidèle
« ami, je le fais simplement, vous pouvez le croire. »

Ce « vous pouvez le croire » est à lui seul une biographie ; « pensez-vous, semble-t-elle dire, que moi
« je m'abaisserais, même pour une cause qui m'est
« chère entre toutes, à habiller la vérité. »

Avec une humilité qui n'était pas feinte, passant
sous silence l'immense part qu'elle eut dans cette
conversion, elle disait en recevant de nombreuses
félicitations de son livre :

« Je me demande vraiment si c'est bien moi qui ai
« pu faire ce travail — à mon âge. — Ah ! que Dieu
« est bon de m'en avoir donné la force. »

Nous avons dit plus haut les longs évanouissements
causés par cette lourde tâche à la vaillante octogé-

lui écrivait lettres sur lettres pour en hâter l'apparition, et elle
lui disait en 1888 : « J'ai enfin reçu les feuilles que vous aviez bien
voulu m'annoncer *dans trois ou quatre jours ;* mais pour vous,
n'est-il pas vrai, les jours sont des époques, comme pour les jours
de la création. A quand la fin ? Longtemps après la mienne,
peut-être..... » Elle attendit deux ans encore, elle eut cependant
la joie de voir le succès de cette consciencieuse étude, dont la
première édition est épuisée, croyons-nous.

naire qui, se reprenant ensuite à vivre, continuait, sous le regard de Dieu, le récit de ses plus chers souvenirs, de ceux du moins qu'elle croyait pouvoir enfin révéler sans se glorifier elle-même, et sans froisser d'autres âmes, car elle eut toujours les ménagements les plus délicats pour nos frères séparés[1].

[1] Après la conversion du maréchal Randon, une de ses nièces qui avait connu les ardentes sollicitudes de la Maréchale, paraissant surprise du peu d'empressement qu'elle mettait à proclamer une abjuration qui comblait tous ses vœux, elle lui répondit : « Je « ne suis point du tout de votre avis, ma bien chère enfant, sur « la publicité à donner à la conversion de votre oncle, il y aurait « là un triomphe de mauvais goût, bien plus fait pour froisser les « protestants qui sont souvent retenus par le respect humain que « pour les amener à nous. Il vaut mieux leur prouver que ces « choses peuvent se faire sans attirer l'attention. Elles se savent « peu à peu. Cela suffit pour l'exemple. »

VII

La maréchale Randon avait pris pour devise[1], dès les premières années de son mariage : « Fais le bien, « la vie est courte. »

La vie fut longue, parfois amère pour cette noble femme, mais elle savait que nous ne sommes point dans le lieu où s'achèvent les choses, et jusqu'à son dernier jour, les yeux fixés vers le but suprême, elle fit le bien simplement, vaillamment, cherchant à secourir tous ceux qui avaient besoin d'argent, de conseils, de protection et même de tendresse. Sa tâche allait finir et elle pouvait dire à un ami : « Quitter cette vie est un gain, car que faut-il à l'âme « religieuse, un peu de terre et beaucoup de ciel. »

Les noces d'argent de la chapelle de Notre-Dame de la Vallée furent une joie suprême pour la Maréchale, qui, en racontant l'histoire d'une âme « devenue « enfant de Dieu, après lui avoir offert une demeure »,

---

[1] Les Suin avaient pour armes : d'azur à la cigogne d'argent, la patte dextre levée, tenant une vigilance (?) d'or, accompagnée en chef de deux étoiles, aussi d'or. Le cachet sur lequel elles étaient gravées, vieille relique de famille, était néanmoins presque toujours délaissé, ainsi que plusieurs autres, la Maréchale se servant habituellement d'une statuette d'ange en bronze doré, bien connue de ses amis, qui portait sa chère devise avec son chiffre, et qui avait une place d'honneur sur sa table de travail.

venait de parler avec tant d'émotion du sanctuaire,
témoin de ses prières, de ses larmes, de ses actions
de grâces. Ses mains pieuses ne laissaient à personne
le soin d'orner son autel et de sonner la cloche qui
annonçait l'heure du saint sacrifice ou de la prière
du soir qu'elle faisait à haute voix, entourée de tout
le personnel de sa maison. L'ange de la mort allait
sonner d'autres heures, celles des dernières immola-
tions, et la chapelle aimée ne devait se rouvrir que
pour laisser entrer un cercueil.

La Maréchale pensait à sa fin prochaine, elle en
parlait, elle l'acceptait, mais elle ne la désirait pas.
Un soldat ne déserte pas son poste, il attend que son
chef vienne le relever de sa faction, et elle était un
vieux soldat, disait-elle souvent. Elle attendit.

Frappée d'abord par une grave atteinte d'influenza,
elle eut à subir les incertitudes, les fatigues d'un trai-
tement minutieux, les espérances et les découragements qui se disputent la volonté des pauvres malades.
Au commencement de cette grande épreuve, elle disait
avec l'impétuosité de sa nature ardente : « Je ne veux
« pas rester ainsi, je ne supporterai pas plus long-
« temps tout cela, ou guérir, ou mourir ! » Puis la
résignation chrétienne reprenant le dessus, elle ajoutait non moins vivement : « Mon Dieu, que votre
« volonté soit faite, mais apprenez-moi à faire votre
« volonté. »

La maladie est un feu qui brûle beaucoup de pailles,
lui disait-on un jour. Elle le sentait, et s'unissant de
tout son cœur à Dieu, en qui elle avait une foi si

virile, elle le priait sans cesse, se détachait peu à peu
de tout ce qu'elle avait le plus désiré et aimé sur la
terre, et elle s'efforçait d'être, malgré ses souffrances
et ses accablements, toujours très prévenante et très
bonne pour son entourage.

Elle avait voulu être soignée par les religieuses
qu'elle avait établies à Saint-Ismier pour le soulagement des pauvres, et les chères Sœurs l'entouraient
jour et nuit du dévouement le plus absolu, mais elles
avaient à faire un apprentissage auprès de leur vénérée
bienfaitrice, et toutes ne réussissaient pas également
à lui donner les soins délicats qui lui étaient nécessaires. De là, un accroissement de souffrances que
les malades seuls connaissent. Elle trouvait néanmoins
dans son cœur un mot aimable pour récompenser le
moindre service et s'il lui échappait un mouvement
d'impatience, elle en demandait immédiatement pardon
à la plus humble, à la plus inexpérimentée de ses
gardes-malades, comme si cette bonne fille eût été
Notre-Seigneur Lui-même, qu'elle voyait d'ailleurs
dans ses servantes.

« Tous les saints ne sont pas calmes », disait spi-
rituellement un des plus fidèles amis de la Maréchale.
Elle était devenue calme et elle sentait au dedans
d'elle-même cette « paix du soir » qui prépare les
saintes morts. D'une admirable fidélité dans tous ses
exercices de dévotion que ses souffrances n'interrom-
paient pas, elle s'humiliait par de fréquentes confes-
sions des surprises de sa nature, se faisait faire des
lectures pieuses, et quelques jours avant sa mort, elle

avait fait commencer l'apocalypse de saint Jean.
« Nous n'y comprendrons pas grand'chose, disait-elle
« en souriant, mais c'est une parole inspirée, et au
« moins là, nous entendrons parler du diable, auquel
« on ne croit plus dans le monde, et qui n'a jamais
« eu plus d'influence qu'aujourd'hui. »

La maladie s'aggravait et la Maréchale était plongée
un jour, à la suite d'une crise violente, dans un profond accablement dont rien ne pouvait la faire sortir.
Elle avait refusé tout remède, toute distraction, et
l'arrivée des courriers l'avait laissée indifférente. On
était fort inquiet, car la force morale de la vénérée
malade était pour beaucoup dans la faible espérance
qu'on gardait encore de sa guérison. Enfin, bravant
ses défenses, on essaya de la tirer de sa torpeur, en
lui parlant d'une lettre qui venait d'arriver et qui certainement l'intéresserait, car il s'agissait du Maréchal.
Elle se souleva d'un bond, fit ouvrir ses persiennes,
et écouta, assise sur son lit, sans aucun souci de ses
oreillers, la lecture de la lettre en question. Elle
venait d'un digne curé de la Bresse Louhannaise qui,
à propos du livre, *La conversion d'un Maréchal de
France*, racontait comment il devait son sacerdoce
au Ministre de la Guerre, encore protestant. La Maréchale, radieuse, avait oublié son mal, et après s'être
préoccupée de la prompte insertion de ce trait touchant et ignoré dans les journaux religieux[1], elle

---

[1] Voici les principaux passages de la lettre en question :

. . . .

Je tiens, Madame la Maréchale, à vous remercier d'avoir écrit les

dit, se parlant à elle-même : « Ah ! maintenant je « pourrai mourir... *Il* n'a plus besoin de moi pour « défendre sa gloire... elle va grandir encore dans « l'avenir... l'heure de la justice est enfin venue. » Le lendemain, elle était mieux. Le récit d'une bonne œuvre de son époux avait suffi pour la rappeler, pendant quelques jours, à la vie terrestre, lorsqu'elle semblait être déjà engagée dans les étroits défilés de la mort.

Oserons-nous toucher à des sentiments plus intimes et dire qu'elle n'avait pu se décider à brûler ses lettres de fiançailles au moment où elle faisait détruire sous ses yeux d'autres souvenirs moins chers à son cœur. Une main pieuse dut le faire après sa mort,

pages intimes et je garderai votre livre pour mieux me rappeler une dette de cœur que je tiens à payer chaque jour. En 1861, j'étais soldat, je me sentais porté vers l'état ecclésiastique et j'en fis la confidence à mes anciens professeurs qui, eux-mêmes, en parlèrent à Mgr l'Évêque. Le dévouement ne manqua nulle part. On frappa à toutes les portes pour obtenir ma libération du service militaire. On s'adressa à M. le maréchal de Castellane, gouverneur de Lyon ; à M. le maréchal de Mac-Mahon, toujours si empressé de rendre service à ses compatriotes, et enfin partout où on put imaginer. Invariablement, il fut répondu qu'on ne pouvait rien à mon affaire, que mon sort était entre les mains de M. le Ministre de la Guerre. Il me vint alors une idée qui fut taxée d'étourderie de jeunesse et presque d'indiscipline, je pris la liberté d'écrire moi-même à M. le Ministre de la Guerre, je n'espérais d'ailleurs aucun résultat. Un jour j'apprends que M. le Ministre, dont je ne connaissais que le nom, avait fait demander à l'évêché, puis à la mairie de mon pays si j'avais réellement la vocation ecclésiastique. Partout on ignorait ma démarche, mais on eut la charité de donner de bons renseignements. L'année suivante, j'entrais au grand séminaire d'Autun et aujourd'hui je suis prêtre. Mon sacerdoce est éternel, ma reconnaissance doit l'être aussi.

suivant ses dernières recommandations. Dans toutes
les pièces du château, on retrouvait un portrait, une
photographie de celui « qui, illustre dans les assem-
« blées, avait mis sa confiance en elle[1] ». On chercha
vainement quelque chose qui aurait pu rappeler à ses
amis les traits de la Maréchale.

L'amélioration survenue dans l'état de la vénérée
malade avait rassuré une partie de son entourage.
Elle donnait de son lit une apostille pour un vieux
soldat, elle faisait signaler au comité central de la
Société de secours aux blessés un département qui
allait échapper à son action, elle apprenait à l'œuvre
des expulsés la mort d'une lointaine zélatrice, et
au directeur de l'archiconfrérie de Notre-Dame-des-
Champs les recrues qu'elle venait de faire[2]. Rien
n'échappait à sa sollicitude, même dans les moments
de grande souffrance qui revenaient parfois. Le jour
du patronage de Saint-Joseph, 8 mai, fête de l'école
Fénelon, à Saint-Ismier, elle voulut que les élèves
de cette école et les enfants du patronage catholique
eussent une petite fête suivie d'un goûter. Elle donna
elle-même ses ordres à ce sujet, se fit lire la veille le
programme de la réunion, en disant avec calme :
« Je ne serai peut-être pas *encore* morte demain. Il
« faut que mes chers enfants s'amusent et qu'ils

[1] Prov. XXXI, 23.

[2] Elle a été une des zélatrices les plus actives de l'archiconfrérie, dit après sa mort le *Bulletin de Notre-Dame-des-Champs*, et
elle nous a envoyé fréquemment de longues listes d'associés. Elle
exerçait l'apostolat avec une charité ardente, donnant beaucoup
de sa personne et de sa bourse.....

« fassent connaissance avec leur nouveau directeur. »
A ce directeur, elle avait donné un programme d'études très simple, très précis, parfaitement approprié
aux besoins et aux désirs d'une population agricole,
laborieuse et intelligente.

Le 11 mai, la malade croyait avoir passé une bonne
nuit et ne souffrait pas. C'était l'aurore du repos
éternel. Après avoir récité ses prières, elle se fit lire
son courrier du matin, ainsi que le compte rendu
d'un discours prononcé, le dimanche précédent, à la
Madeleine, par Monseigneur Turinaz, en faveur de
l'œuvre des tombes et de Jeanne d'Arc, à laquelle elle
s'intéressait vivement. Elle se préoccupa de ses petits
enfants, de leur santé, de leurs tristesses, et elle causa
longtemps avec une parente qui remplaçait près d'elle
les chers absents, retenus au loin par de multiples
devoirs. Elle se montra plus tendre que jamais pour
celle qu'elle appelait souvent son bon ange, sa fille,
son amie, et lui donna des conseils maternels. Sa
lucidité n'avait jamais été plus entière, son intelligence plus pénétrante. Suivant la parole de l'Écriture :
« *Elle était revêtue de force et de grâce, et la mort*
« *ne pouvait altérer son sourire*[1]. »

Peu après, une crise de vomissements survint ino-
pinément. Lorsqu'elle fut passée, la malade demanda
si elle était en danger de mort ? — « Oui, lui répon-
« dit-on après un instant d'hésitation. Notre-Seigneur
« viendra bientôt vous chercher... ce soir... demain,

[1] Prov. XXXI.

« dans huit jours peut-être. Lui seul le sait, et nous
« voulons espérer que ce sera plus tard encore. » —
« Puisqu'il faut mourir », reprit-elle avec sa vivacité
d'autrefois, « que ce soit vite, très vite fini ». —
Non, lui dit-on doucement, « à l'heure de Dieu, point
« à la vôtre... Vous vous soumettez sans restriction
« à sa volonté sainte, n'est-ce pas ? — Ah ! oui certai-
« nement », et elle se mit à prier avec tout son cœur
et toute sa foi son Divin Sauveur de lui pardonner
ses fautes comme elle pardonnait à ceux qui, le sachant
ou sans le vouloir, l'avaient attristée si souvent.

Deux heures plus tard, son confesseur [1], prévenu
en hâte, arrivait près de la mourante et lui donnait
les derniers sacrements. Les anges ont dû se redire
ce qui s'est passé dans cette âme fidèle lorsqu'elle a
reçu, pour la dernière fois ici-bas, le Rédempteur
qu'elle allait bientôt voir face à face ; ces secrets ne
sont pas de la terre et personne ne peut les révéler.

Encouragée, fortifiée, bénie, la mourante était en
paix, et vers le soir, après s'être entretenue avec son
confesseur qui ne l'avait point quittée, elle paraissait
vouloir dormir. Bientôt ses membres se refroidirent,
sa parole, toujours si nette, devint lente et embar-
rassée. On la vit chercher son crucifix, essayer de
joindre les mains, pour une supplication suprême,
sans pouvoir y réussir. Les sœurs gardes-malades,
ses femmes se groupèrent près de son lit. On commença les prières des agonisants, auxquelles elle

[1] M. l'archiprêtre de D***, missionnaire apostolique, qui la diri-
geait depuis quelques années.

s'unissait, la main dans la main de la fidèle compagne des derniers jours, sa fille chérie, disait-elle, puis elle ferma les yeux... *Dieu avait éloigné une fois de plus d'une âme juste les tourments de la mort, et ils ne l'avaient point touchée.*

La maréchale Randon avait souvent demandé dans ses prières les plus ferventes, de mourir, le sachant et le voulant. Son désir était exaucé. Elle avait noblement, chrétiennement rempli sa vie, et, après avoir travaillé avec une sollicitude aussi délicate qu'ardente au salut du noble soldat, qui avait trop bien servi la France et l'Église pour ne pas revenir à son Dieu, elle l'avait aidé à mourir pieusement résigné. Elle avait ensuite veillé à sa gloire avec toute la persévérance que donne un immense amour. Elle sentait que cette gloire était désormais au-dessus de lâches atteintes, car l'ingratitude et la calomnie n'ont qu'un temps, et la vérité demeure. « L'homme outrage, et le temps venge », a dit un poète. Gardienne d'un tombeau, elle le laissait avec confiance à son petit-fils, après l'avoir entouré d'œuvres, toutes prospères sous sa vigoureuse impulsion, et s'être assurée que des âmes reconnaissantes prieraient pour son époux. Si elle n'avait pu revoir encore une fois ses chers petits-enfants, et leur donner une bénédiction qui était dans son cœur, elle avait près d'elle des amis dévoués. Mgr l'Évêque de Grenoble lui avait apporté, à plusieurs reprises, avec les échos de son pays natal[1], ses précieuses bénédic-

---

[1] Peu de jours avant sa mort, recevant une visite de Mgr Fava, la Maréchale, si ferme d'ordinaire, paraissait fort émue, et comme

tions et des encouragements dignes de sa foi. Les anciens aides de camp du maréchal Randon, qui conservaient respectueusement les inoubliables souvenirs de sa vie et de sa mort, étaient venus successivement entourer sa veuve de leur filiale affection, ne croyant point d'ailleurs à un suprême adieu. L'un d'eux a vu son dernier jour, et il lui a donné encore une joie terrestre, celle d'avoir un ami de plus à son chevet[1]. Sa journée était finie, « *elle pouvait rentrer dans le* « *repos, le Seigneur l'ayant comblée de ses biens*[2] ».

Suivant le désir exprimé par la Maréchale, elle fut revêtue, aussitôt après sa mort, de l'humble habit des tertiaires de Saint-François, dont elle suivait scrupuleusement la règle. Ses mains défaillantes n'avaient pu saisir la croix consolatrice. Maintenant, glacées par la mort, elles tenaient le chapelet de bois, si souvent égrené, et dont toutes les perles venaient de se retrouver pour elle au livre de vie.

Pendant cinq jours, la population tout entière de Saint-Ismier, celle des villages voisins, les Frères de la Doctrine chrétienne, les Sœurs du Saint-Rosaire, les religieuses franciscaines, les RR. PP. Capucins vinrent entourer la dépouille mortelle de leur insigne bienfaitrice. Vivante, elle avait passé de longues heures dans la chapelle qui lui était si chère ; morte,

on lui demandait la cause de ses larmes. Ah! dit-elle, Monseigneur est mon compatriote, il arrive de l'Artois... de mon pays... de ce pays dont je ne parle jamais, auquel je pense toujours.

[1] Le colonel vicomte du Puy-Montbrun.

[2] *Memento* du Maréchal, ps. 114.

elle reposait aux pieds de Notre-Dame-de-la-Vallée,
avant d'aller rejoindre en Artois ses ancêtres et « la
précieuse enfant » que rien n'avait pu lui faire oublier[1].
La Maréchale n'était pas de celles qui oublient. Les
souvenirs du passé la ramenaient, sa tâche finie, dans
la terre natale où, depuis quarante ans, sa place était
marquée entre le petit cercueil de sa fille et ceux de
ses vieux parents.

Après une touchante cérémonie funèbre à l'église
paroissiale de Saint-Ismier, les restes mortels de la
Maréchale furent apportés à l'église cathédrale de Grenoble, au milieu d'un cortège qui était une marche
triomphale. Monseigneur l'Évêque, arrivé en hâte, la
nuit précédente, de l'extrémité de son diocèse, prononça un éloquent discours sur ce texte : « *Labora
sicut bonum miles Christi Jésus*[2]. »

« Messieurs, dit-il, en s'adressant à la masse bril-
« lante des officiers qui entouraient le cercueil :
« Voici la Maréchale qui passe. Elle s'arrête une heure
« au milieu de vous pour vous faire ses adieux, et
« vous tous qui l'aimiez comme un frère d'armes,
« vous êtes accourus pour lui rendre les honneurs
« que, vivante, elle recevait de vous ! car vous l'en-
« touriez de respect et de dévouement. Spectacle tou-
« chant ! cette femme forte, qui portait dans sa poi-
« trine le mâle courage de l'homme uni à la tendresse

---

[1] L'une des cloches qui annonçaient le deuil de tout un pays
avait reçu de la Maréchale le nom de sa petite Marthe, et trois ans
avant sa mort elle avait donné le même nom au saint baptême à
sa dernière filleule.

[2] Nous reproduisons ce discours plus loin.

« de la femme, nous l'avons vue naguère, malgré ses
« quatre-vingt-deux ans, droite et digne comme un
« soldat en faction ; nous l'avons vue, vous et moi,
« Messieurs, nous accueillant avec la grâce et l'urba-
« nité sévère des âges passés, et voici que nous l'en-
« tourons pour la dernière fois. Elle se tait, mais nous
« l'entendons encore parler, semble-t-il, tant naguère
« elle nous apparaissait vivante. Non, ce cercueil
« n'est pas muet ; la noble amie dont il renferme la
« dépouille vénérée parle encore à nos cœurs, et nous
« ne cessons pas d'entendre sa voix, qui tant de fois
« a charmé, ému et touché nos âmes. »

Monseigneur donna ensuite l'absoute. Le baron de
Salignac-Fénelon qui conduisait le deuil, entouré des
anciens aides de camp du maréchal Randon, son
grand-père[1], quatre généraux, tous les officiers de la
garnison, la ville entière et une grande partie de la
population de Saint-Ismier suivirent le char funèbre
jonché de couronnes[2], à la gare de Grenoble, pour
donner, dans une imposante manifestation, un dernier
témoignage de respect et de regrets à une grande
chrétienne.

Une cérémonie moins grandiose, mais non moins
éloquente dans sa simplicité, eut lieu à Hermaville.

[1] Le colonel cte de l'Église et le baron Reille, député du Tarn.
Le vte du Puy-Montbrun, colonel du 27e de ligne, n'avait pu rester
aux funérailles.

[2] La Maréchale, qui s'élevait contre la coutume païenne de
mettre des fleurs sur les cercueils, lès avait expressément défen-
dues sur le sien. La reconnaissance et la fidélité s'entendirent
pour l'orner de splendides couronnes en perles noires et grises.

M. l'abbé de Potter, vicaire capitulaire, fit la levée du corps au château, magnifiquement transformé en une chapelle ardente, où pendant vingt-quatre heures de vieux amis d'Arras, des voisins, tous les habitants d'Hermaville avaient entouré le cercueil. Le vénérable administrateur du diocèse d'Arras donna l'absoute et prononça ensuite, devant une nombreuse assistance, quelques paroles émues sur l'admirable femme « *dont* « *la vie fut tout entière à l'action sous l'inspiration* « *de sa foi* ». Le caveau de famille avait reçu son précieux dépôt, accompagné jusque-là par le confesseur de la Maréchale[1], et elle dormait maintenant son dernier sommeil, sous la garde de ses petits-enfants, dans ce pays « *auquel elle pensait toujours* ».

Nous n'avons pas tout dit, nous ne saurions tout dire sur cette vie de quatre-vingt-deux ans qui fut si pleine, sur ce grand caractère, dont la foule « qui « n'aime pas ce qui la dépasse », a relevé avec un soin jaloux les légères ombres, dont Dieu aura récompensé comme Lui seul peut et sait le faire, les efforts héroïques pour le bien, et les fortes vertus.

Nous avons simplement voulu nous arrêter un instant pour saluer une figure digne de tous nos respects, pour écouter encore une voix qui n'est pas banale, car elle parle de devoir, de sacrifice, de dévouement, de patriotisme, et de la plus noble des ambitions : celle d'aller au Ciel. Toutes ces choses se trouvent dans les cœurs comme une ébauche divine, que beau-

---

[1] M. l'archiprêtre de D*** au diocèse de Grenoble.

coup d'entre les hommes laissent périr sans même y
penser. Ce fut l'honneur de la maréchale Randon de
cultiver en elle, avec une ardente persévérance, les
grands dons de Dieu, et de se dire, dès sa jeunesse,
qu'au-dessus de la fortune, des dignités, de la gloire,
du bonheur même, il y a les âmes et leur salut.

Disons en terminant, avec un vieux chroniqueur
du moyen âge : *Il m'a semblé qu'il valait mieux
grossement et avec lacunes parler de cette sainte
femme que de la laisser venir en oubli. Et je supplie
ceux qui liront ce présent travail et y trouveront des
choses mal dites ou souvent redites, que il leur plaise
à moi pardonner, en rendant grâces au Christ roi,
force des forts, qui vit et règne par tous siècles des
siècles. Amen.*

11 mai 1893, en la fête de l'Ascension de Notre-Seigneur.
1er anniversaire de la mort de la maréchale Randon.

APPENDICE

APPENDICE

*Discours de Mgr l'Évêque de Grenoble aux funérailles
de Madame la Maréchale Randon, dans l'église
cathédrale de Grenoble.*

Labora sicut bonus miles Christi Jesus.
Travaillez comme un bon soldat du Christ Jésus.
(ii Thimothée, ii, 3.)

Messieurs,

L'homme aime à placer son tombeau près de son
berceau ; c'est pourquoi nous voyons ici ce cercueil,
contenant le corps de Dame Constance-Edwige-
Zénaïde Suin, comtesse Randon, maréchale de France.
Il s'en va, portant les restes mortels de cette femme
illustre, à Hermaville, près d'Arras, où elle est née.
Là reposent ses ancêtres ; elle a voulu dormir auprès

d'eux le sommeil d'où l'on sortira aux sons de la trompette de l'éternelle justice.

Elle avait elle-même gardé la tombe glorieuse du Maréchal, son époux, et l'avait embaumée en y déposant son ouvrage : *La Conversion d'un Maréchal de France* ; sa garde était finie et la mort allait venir pour l'en relever. Elle cédait cet honneur au baron Henri de Salignac-Fénelon, lieutenant au 21e dragons, son petit-fils, pour elle, elle allait rejoindre son pays natal et ses aïeux.

Messieurs, voici donc la Maréchale qui passe. Elle s'arrête une heure au milieu de vous pour vous faire ses adieux, et vous tous, qui l'aimiez comme un frère d'armes, vous êtes accourus pour lui rendre les honneurs que, vivante, elle recevait de vous ! car vous l'entouriez de respect et de dévouement. Spectacle touchant ! Cette femme forte, qui portait dans sa poitrine le mâle courage de l'homme, uni à la tendresse de la femme, nous l'avons vue, naguère, malgré ses quatre-vingt-deux ans, droite et digne comme un soldat en faction ; nous l'avons vue, vous et moi, Messieurs, nous accueillant avec la grâce et l'urbanité sévère des âges passés, et voici que nous l'entourons pour la dernière fois. Elle se tait, mais nous l'entendons encore parler, semble-t-il, tant naguère elle nous apparaissait encore vivante. Non, ce cercueil n'est pas muet ; la noble amie dont il renferme la dépouille vénérée parle encore à nos cœurs et nous ne cessons pas d'entendre sa voix, qui tant de fois a charmé, ému et touché nos âmes.

Nous ne saurions, au moment de nous séparer d'elle, ne point lui adresser un suprême adieu ; *n'a-t-elle pas travaillé comme un bon soldat du Christ Jésus !*

Toute sa vie a été consacrée à ce divin Maître. On nous a raconté que diverses circonstances qui ont signalé son enfance et sa jeunesse lui avaient ménagé l'occasion d'apprendre bien vite à souffrir et trempé dans la douleur cette force native, qu'on admirait en elle.

Ayant achevé ses études à Paris, avec éclat, elle avait été conduite parfois dans le monde, où elle avait été distinguée par le jeune officier Randon et, par lui, demandée en mariage. Les parents de la jeune fille s'opposèrent à cette union. Elle obéit, mais déclara qu'elle n'en épouserait désormais aucun autre.

Les rapports furent rompus, et ce n'est que plus tard qu'ils se renouèrent. Voici comment la chose a été dite par Constance Suin devenue comtesse Randon et maréchale de France.

« Nous retournâmes donc à Metz. Nous ! oui, le général Randon s'était remarié et sa femme l'accompagnait. En apparaissant pour la première fois dans ce récit, je dois commencer par affirmer que je n'ai eu nulle part à la conversion du Maréchal, si ce n'est par une prière ardente et incessante. Je n'ai apporté, dans sa vie privée ou publique aucune modification, aucun avantage. Je n'avais pas de relations à Paris, j'en avais très peu en province. Ma mère, veuve depuis

longtemps, vivait seule avec moi dans un grand château Louis XV situé au milieu des bois. Cette bonne
vieille demeure n'a ni créneaux, ni machicoulis, mais
un modeste colombier, désert de par les immortels
principes de 89. Ce n'est pas, du reste, le seul, ni le
principal grief de ma mère contre ces principes; son
père, procureur du roi sous Louis XVI, avait été
victime de la Révolution. Nous vivions donc fort iso-
lées et sans influence, lorsque je suis devenue la
femme du général Randon. »

Vous avez entendu, Messieurs, ces paroles : « Je
dois commencer par affirmer que je n'ai aucune part
à la conversion du Maréchal. » C'est vrai, Dieu seul
convertit les âmes, mais il accorde souvent cette
grâce à la prière, et la prière de la Maréchale pour la
conversion de son époux était incessante. Elle priait
et faisait prier. Elle a confié à une de ses nièces,
Madame de Pélagey, que, chaque nuit, elle se levait
pour demander à Dieu, dans l'oraison, la conversion
du Maréchal au catholicisme. Elle priait dans l'attitude
la plus suppliante : les bras en croix. D'ailleurs son
dévouement pour lui, inspiré par un amour tendre
et fort, était la meilleure de toutes les prédications.
Elle ne faisait qu'un cœur et qu'une âme avec lui.
« J'ai été la compagne heureuse et fière des bons
comme des mauvais jours; j'ai partagé les gran-
deurs et les amertumes, sans exercer la moindre
pression sur les sentiments religieux du général.
Je ne lui dissimulais pas mes convictions, mon assi-
duité à l'église, ma fidélité dans la pratique des sacre-

ments ; tout cela ne paraissait pas lui déplaire. »

Cette tactique pour convertir le général, était la vraie, la plus digne du général et du cœur de Dieu ; elle devait réussir.

Écrivant nous-même à Madame la Maréchale, nous lui disions : « En résumé, l'homme de tant de prières, dont l'âme droite s'ouvrait à la vue de toute bonne œuvre à faire ; qui savait admirer en autrui le mérite, et lui rendre justice ; qui s'inclinait toujours vers le faible et l'opprimé, et s'était plu à peindre un moine dans l'attitude de la prière et de la contemplation devant un crucifix, révélant ainsi à quoi il consacrait lui-même ses meilleurs moments, cet homme ne pouvait être abandonné de Dieu et laissé dans l'erreur. La conversion vint donc à son heure. Après Dieu, Madame la Maréchale, elle fut votre œuvre, et nous sommes heureux d'en avoir recueilli le récit, tracé par votre cœur d'épouse et de franche catholique. Il nous montre que le Maréchal et sa digne compagne ne faisaient qu'un, et qu'ils marchaient du même pas aussi bien dans les expéditions qu'aux bonnes œuvres. »

Il nous plaît, Messieurs, de redire en paroles devant ce cercueil et devant vous : rien ne peut, à notre avis, honorer cette grande chrétienne plus que la conversion au catholicisme de son époux. Cette œuvre prouve que la Maréchale aimait en lui avant tout l'âme. Exemple admirable ! Messieurs, touchant et instructif, qui nous montre l'armée française sous un jour délicieux. Car l'épouse de l'officier, parmi nous,

nous le savons, est vraiment chrétienne. Les exceptions sont rares. Messieurs, nous n'ignorons pas que vous êtes bons juges, et que vous ne voudriez pas pour compagne une femme qui aurait trahi son Dieu, en abandonnant sa foi. Comme la Maréchale, votre épouse prie pour vous, tout en charmant votre existence par sa bonté ; elle vous élève avec elle, s'il en est besoin, vers l'amour des choses divines, et ainsi vous faites, la main dans la main et unis de cœur, le pèlerinage de la vie.

Qu'il nous soit permis d'étendre un instant notre regard, ici, et contemplant la France, d'y admirer nos mères, nos sœurs, vos épouses et vos filles, la *femme française* en général : elle est demeurée chrétienne. Un peuple qui donne au monde des phalanges virginales innombrables, des religieuses que l'on rencontre parmi nous auprès de toutes les infortunes, que l'on trouve sur tous les rivages, auprès du sauvage, comme au chevet des grands, ce peuple a gardé encore sa foi et sa sève : les fruits font connaître l'arbre. Oui, nous osons le redire, sans crainte d'offenser aucune autre nation : la femme française, grâce à son amour pour le Christ et la Vierge, son auguste Mère, est demeurée digne de notre respect et de notre admiration. Nous l'affirmons devant ce cercueil, ce cercueil qui porte la dépouille d'une Maréchale de France, honneur de la religion catholique par sa foi et ses œuvres, gloire de sa patrie par sa haute intelligence, son savoir, son dévoûment à tous, et la reconnaissance publique, qui fait de cette marche funèbre d'un cercueil à travers les populations une vraie marche triomphale.

Et dans la crainte qu'on nous trouve trop admirateur de notre vénérée diocésaine, nous en appellerons au témoignage de son pasteur, le curé de Saint-Ismier. Ne célébrait-il pas, hier, en termes aussi sincères que magnifiques, les vertus de sa paroissienne, qui fut la maréchale Randon? Il disait son amour pour la France, pour la religion, pour les soldats blessés aux champs de bataille et soulagés par la Société de la Croix-Rouge dont elle était présidente, pour la paroisse de Saint-Ismier, nous révélant le cœur de cette femme forte, d'une manière admirable. « Sa piété, disait-il, était éclairée. Elle savait que l'amour de Notre-Seigneur Jésus-Christ présent dans l'Eucharistie est le centre de la vie chrétienne, que le cœur sacré de Jésus est comme le soleil qui éclaire, en même temps qu'il échauffe le monde surnaturel des âmes. M. le Curé, me disait-elle, faites connaître, faites aimer notre Seigneur. Aussi avait-elle été l'inspiratrice, et je dirai la fondatrice dans cette paroisse de notre pieuse association du Sacré-Cœur et de la Communion réparatrice..... Elle savait que l'Esprit-Saint a mission de faire comprendre la vérité annoncée au monde par Jésus-Christ et d'allumer dans les cœurs la flamme de la charité chrétienne. Elle croyait cette mission trop oubliée, trop oublié l'Esprit-Saint lui-même. »

Le bon et intelligent curé, digne pasteur de sa paroisse, raconte ensuite ce que sa noble châtelaine a fait pour son église; pour la jeunesse, en faveur de laquelle elle a bâti deux écoles congréganistes de Frères et de Sœurs, dont elle a assuré par elle et ses héritiers l'avenir; pour les malades auxquels elle a donné des gardes religieuses.

Quel n'était pas son amour pour les pauvres, les malheureux, les abandonnés!

Messieurs, nous ne voulons pas aller plus loin; ce n'est pas la vie de la Maréchale que nous écrivons; nous ne voulons que faire entendre un cri de reconnaissance et d'admiration pour cette grande chrétienne, pour cette grande Française, qui a combattu et *travaillé comme un bon soldat du Christ Jésus.*

Bénie par notre auguste Pontife Léon XIII, consolée par Jésus-Christ lui-même qu'elle aimait à recevoir pendant sa maladie dans son cœur, sous l'apparence du pain eucharistique; encouragée par tous ceux qui la connaissaient et lui envoyaient l'expression de leur affection; réjouie plusieurs fois par la visite de son cher Henri de Fénelon, représentant son frère et sa sœur; jour et nuit veillée par ses chères gardes-malades et surtout par sa nièce bien aimée, Madame de Pélagey, elle supporta la maladie qui refusait, malgré l'art des médecins, de lâcher prise, elle luttait avec la mort. N'ayant jamais été vraiment malade, elle ne s'imaginait pas que, malgré ses quatre-vingt-deux ans, le moment du départ fût arrivé. Cependant elle acceptait la volonté de Dieu, avec une âme toujours forte et une pleine connaissance. « Mon Dieu, s'écriait-elle, mourir le sachant et le voulant ! » Jésus, Marie, Joseph, ces trois noms sacrés et divins, elle les redisait sans cesse en les invoquant ! « Je ne suis plus maréchale, disait-elle à son confesseur, appelez-moi : ma fille. » A ses religieuses : « je ne suis plus maréchale, embrassez-moi. » Surtout elle avait pour sa chère nièce, qui fut son ange consolateur visible, une tendresse de mère. Dans une dernière visite que nous lui fîmes, elle nous parlait d'elle, et pour la première fois nous la vîmes pleurer comme un vieux soldat qui n'a plus la force de cacher ses larmes, vaincue par la tendresse de son cœur... Elle pleurait non de douleur, ni de tristesse, mais enivrée de saintes émotions et pleine de joie. N'est-il pas écrit en nos livres sacrés « que la femme forte rira à son dernier jour, *Ridebit in die novissimo* »? Elle mourut ainsi dans les bras de sa nièce, et s'endormit dans le sein du Seigneur, pour s'éveiller aussitôt sous son doux et paternel regard.

Prions cependant pour elle, car elle aussi partageait les faiblesses de notre pauvre nature.

Extrait d'une Lettre de Mme la Maréchale RANDON en
réponse à l'invitation qui lui était faite d'assister à
un service célébré à la Cathédrale de Grenoble pour
les députés de l'Assemblée de Vizille.

ERRATA

Page 64, ligne 7, au lieu de *Mune dimittis,* lire *Nunc dimittis.*

Page 88, ligne 10, au lieu de *Etiamsi omnes ego sum,* lire *Etiamsi omnes ego non.*

Page 88, ligne 5 de la note, au lieu de *Frédéric Auriel,* lire *Frédéric Amiel.*

www.ingramcontent.com/pod-product-compliance
Ingram Content Group UK Ltd.
Pitfield, Milton Keynes, MK11 3LW, UK
UKHW022355090726
13658UKWH00002B/661